AF441118

1000

MOST COMMON

FRENCH

WORDS

**All the vocabulary
you need to
learn French**

DYLANE MOREAU

Copyright © 2020 by The perfect French.
All rights reserved.
No part of this book may be used or reproduced in any
manner
whatsoever without written permission.

INTRODUCTION

You have recently decided to learn French, or maybe learned it before and need to brush up on it. Any reason that leads you to this book is a good reason.

Learning a new language can seem intimidating at first, no matter what age or when you start. There are all these rules of pronunciation and grammar that don't exist in your native language, it can be discouraging for anyone. So where should you start ?

The 20/80 rule

What you should start working on at the beginning of your French journey is vocabulary, and more specifically, the ***1000 most common French words***. I have calculated that they represent around 20% of our language, but we use them 80% of the time. Which also means that you only need to learn 20% of the language to understand 80% of it. Isn't it wonderful news ?

To write the ***1000 most common French words*** I analyzed a lot of different sources: newspapers, websites, casual conversations, formal conversations, blogs, documentaries, books, situations and subjects. But the way they are put together with everyday sentences, makes it understandable for everyone. The sentences included in ***1000 most common French words*** will give you a taste of how one talks in everyday life, at home, at work, and in conversation between friends.

A FEW THINGS
TO KEEP IN MIND

VERBS - A conjugated verb can look like this "**a été secouru**", this is simply the conjugation I used in the sentence. Just like in English, conjugated verbs can be split in up to three words such as "has been saved". The verb in the list is always the infinitive form, the verb in the sentence is always conjugated. Refer to my free eBook to learn more about conjugation.

NOUNS - Nouns in French have genders, they are either "**masculin**" such as "**un lieu**" or "**féminin**" such as "**une idée**". You can find the gender by the article in front of the noun.

Masculine nouns : Un (a) - Le (the)
Feminine nouns : Une (a) - La (the)

When the noun starts with a vowel, the article might be "L'", in this case you can find the indication of the gender by the noun: (**m**) for "masculin" - (**f**) for "féminin"
It's important to learn the gender at the same time of the word itself. If you don't learn the gender right away, you will have to learn it later and it will make your learning process longer.

ADJECTIVES - Adjectives in French also change whether the gender of the noun that they describe is masculine or feminine.

For example : **"Sérieux - Sérieuse"**

The masculine version of the adjective is always first, followed by the feminine version.
Please note that this doesn't apply when the adjective ends with **"e"**, it stays the same no matter the gender.

For example : **"Magnifique"**

And finally: **Translation** between 2 languages doesn't always work word for word. The sentences can seem different, but they have the same meaning. Sentence structure can be tricky keep an open mind.

With all this information, you are ready to start !

1. UN | A - An

*Mon frère a acheté **un** nouvel appartement*
My brother bought a new apartment

2. À | In - To

*Nous allons souvent **à** la piscine*
We go to the pool often

3. UNE | A - An

*J'ai **une** voiture rouge*
I have a red car

4. DE | Some - Of

*Est-ce que tu as **de** la monnaie ?*
Do you have some change ?

5. LE | The

***Le** soleil se lève à l'Est*
The sun rises on the east

6. ET | And

*Elle a mangé une banane **et** une pomme*
She ate a banana and an apple

7. ÊTRE | To be

*Marie **est** dans sa chambre*
Marie is in her bedroom

8. AVOIR | To have

*Mon grand-père **a** 82 ans*
My grandfather is 82 years old

9. LA | The

La voiture est garée devant la maison
The car is parked in front of the house

10. QUE | Than - That

Il est plus grand que son ami
He is taller than his friend

11. EN | In - On - At - To

Nous allons en Espagne
We are going to Spain

12. DANS | In - Into - Within

La télévision est dans le salon
The television is in the living room

13. NE | Not

Je ne suis pas là
I am not here

14. IL | He - It

Il a fini son projet
He finished his project

15. ON | We (casual)

On est allés au restaurant samedi soir
We went to the restaurant on Saturday night

16. PAS | Not

Ils n'étaient pas au concert
They weren't at the concert

17. CE | This - That - It

*As-tu vu **ce** film ?*
Did you see this movie ?

18. POUR | For

*On a acheté un cadeau **pour** son anniversaire*
We bought a gift for his birthday

19. VOUS | You

***Vous** êtes très gentil*
You are very nice

20. POUVOIR | To can

***Peux**-tu m'aider à porter cette boîte ?*
Can you help me to carry this box ?

21. JE | I

***Je** suis au parc avec mes amis*
I am at the park with my friends

22. AVEC | With

*Le repas est servi **avec** du vin*
The meal is served with wine

23. PAR | By - Per - Through

*Il a été piqué **par** un moustique*
He was bitten by a mosquito

24. TU | You

*Est-ce que **tu** as le temps ?*
Do you have time ?

25. SUR | On

*Le chat dort **sur** le lit*
The cat is sleeping on the bed

26. NOUS | We

***Nous** sommes fiers de lui*
We are proud of him

27. TOUT | All - Everything

***Tout** a été nettoyé et rangé*
Everything has been cleaned and put away

28. PLUS | More

*Il a **plus** de chances que toi*
He has more chances than you

29. LES | The

***Les** enfants sont à l'école*
The children are at school

30. METTRE | To put

*J'ai **mis** les sacs dans la voiture*
I put the bags in the car

31. SON | His - Her

*Il a reçu **son** diplôme*
He received his diploma

32. MAIS | But

*Le colis est arrivé **mais** il était abîmé*
The package arrived but it was damaged

33. COMME | Like - As - Since

*Il est doué, **comme** son frère*
He is gifted, like his brother

34. SI | If

*Nous viendrons **si** nous avons le temps*
We will come if we have time

35. OU | Or

*Veux-tu du jus **ou** de l'eau ?*
Do you want juice or water ?

36. FAIRE | To do - To make

*Que **faites**-vous cet après-midi ?*
What are you doing this afternoon ?

37. ELLE | She

***Elle** s'est cassé la jambe*
She broke her leg

38. DIRE | To say - To tell

*Mon père **dit** toujours de prendre son temps*
My dad always says to take your time

39. AUTRE | Other

*Avez-vous un **autre** sac à main en stock ?*
Do you have another purse in stock ?

40. DEVOIR | To have to

*Mon mari **doit** aller à la banque aujourd'hui*
My husband has to go to the bank today

41.   Y | There or Unspecified place

*Nous **y** allons demain matin*
We are going there tomorrow morning

42.   DONNER | To give

***Donne** une friandise au chien*
Give a treat to the dog

43.   AVANT | Before

*Ferme la porte **avant** de partir*
Close the door before leaving

44.   SAVOIR | To know

*Mon père **sait** changer les pneus lui-même*
My father knows how to change tires himself

45.   ILS | They

***Ils** sont allés au supermarché ce matin*
They went to the supermarket this morning

46.   FALLOIR | To be necessary

*Il **faut** payer ses factures à temps*
It's necessary to pay your bills on time

47.   ALLER | To go

*Nous **allons** à la plage tous les jours*
We go to the beach everyday

48.   VENIR | To come

*Elle **va** venir cet après-midi*
She will come this afternoon

49. BON - BONNE | Good

*Cette tarte est très **bonne***
This pie is very good

50. VOULOIR | To want

***Veux**-tu un sandwich pour ce soir ?*
Do you want a sandwich for tonight ?

51. ELLES | They

***Elles** ont beaucoup de succès avec leur business*
They have a lot of success with their business

52. TRÈS | Very

*Cet outil est **très** utile*
This tool is very useful

53. BIEN | Good

*Je vais très **bien**, merci*
I am doing well, thanks

54. ARRIVER | To arrive

*Mes parents sont **arrivés** ce matin*
My parents arrived this morning

55. PARLER | To speak - To talk

*Elle **parle** quatre langues couramment*
She speaks four languages fluently

56. ENTENDRE | To hear

*Est-ce que tu **entends** les oiseaux ?*
Do you hear the birds ?

57. ICI | Here

*C'est **ici** que nous nous sommes mariés*
It's here that we got married

58. APRÈS | After

*Nettoyez la table **après** avoir mangé*
Clean the table after eating

59. AIMER | To like - To love

*Joachim **aime** le chocolat et les biscuits*
Joachim likes chocolate and cookies

60. VOIR | To see

*On peut **voir** les étoiles dans le ciel*
We can see the stars in the sky

61. FORT - FORTE | Strong

*Le dollar Américain est **fort** en ce moment*
The American dollar is strong at the moment

62. TROUVER | To find

*Veuillez **trouver** ci-dessous le contrat*
Please find below the contract

63. TOUJOURS | Always

*Le ferry arrive **toujours** à l'heure*
The ferry always arrives on time

64. UN ENFANT | A child

*Il faut être patient avec les **enfants***
It's necessary to be patient with children

65. APPELER | To call

*Elle **a appelé** les pompiers juste après l'accident*
She called the firefighters just after the accident

66. MAINTENANT | Now

*Le concert commence **maintenant***
The concert is starting now

67. UNE ANNÉE | A year

*Cette **année** est passée tellement vite*
This year went by so quickly

68. JAMAIS | Never

*Il ne faut **jamais** dire jamais*
Never says never

69. QUI | Who

***Qui** es-tu ?*
Who are you ?

70. AU | At - To - In

*Mon cousin habite **au** Mexique*
My cousin lives in Mexico

71. MOINS | Less

*Il fait **moins** chaud cette semaine*
It's less warm this week

72. QUAND | When

***Quand** pouvons-nous apporter les cadeaux ?*
When can we bring the gifts ?

73. MERCI | Thank you

Merci de nous avoir aidé à déménager
Thank you for helping us move

74. CETTE | This - That

Cette plante a besoin d'eau
This plant needs water

75. BOIRE | To drink

Le bébé a bu tout son biberon
The baby drank his entire bottle

76. OUVRIR | To open

Le restaurant ouvre à 11 heures
The restaurant opens at 11 am

77. AUSSI | Also

Le chien a aussi mangé ma chaussure
The dog also ate my shoe

78. ASSEZ | Enough

Il y a assez de plantes dans le salon
There are enough plants in the living room

79. OÙ | Where

Où sommes-nous ?
Where are we ?

80. MANGER | To eat

Manger trop de sel est mauvais pour la santé
Eating too much salt is bad for your health

81. ENTRER | To enter - To come in

*Vous pouvez **entrer** maintenant*
You can come in now

82. APPRENDRE | To learn

*Il **apprend** beaucoup de choses au camp*
He learns a lot of things at camp

83. NOUVEAU - NOUVELLE | New

*Les **nouvelles** voitures électriques sont silencieuses*
New electrics cars are silent

84. SUIVRE | To follow

***As**-tu **suivi** l'actualité ?*
Did you follow the news ?

85. ACHETER | To buy

*Un jour, ils **achèteront** un bateau*
One day, they will buy a boat

86. HEUREUX - HEUREUSE | Happy

*Elles sont **heureuses** de participer au spectacle*
They are happy to participate in the performance

87. UNE NUIT | A night

*Les **nuits** sont courtes en été*
Nights are short during the summer

88. TENIR | To hold

***Tiens** ton stylo comme ceci*
Hold your pen like this

89. CHAUD - CHAUDE | Hot

*Attention, le plat est très **chaud***
Careful, the dish is very hot

90. BIENTÔT | Soon

***Bientôt** il sera diplômé*
Soon he will be graduate

91. ATTENDRE | To wait

*On doit **attendre** son tour pour rentrer dans le magasin*
We have to wait our turn to enter the store

92. LÀ | Here - There

*Est-ce que le patron est **là** ?*
Is the boss here ?

93. BEAUCOUP | A lot

***Beaucoup** d'étudiants vivent sur le campus*
A lot of students live on campus

94. UN MOIS | A month

*Il y a quatre semaines dans un **mois***
There are four weeks in a month

95. UN PEU | A little

*Nous avons un **peu** de temps avant que le train ne parte*
We have a little time before the train leaves

96. UN PAYS | A country

*L'Italie est un **pays** magnifique*
Italy is a beautiful country

97. UNE MAISON | A house

*Cette **maison** a été construite en 1856*
This house was built in 1856

98. LIRE | To read

*C'est plus facile de s'endormir si on **lit** avant de dormir*
It's easier to fall asleep if we read before going to bed

99. LAISSER | To let

***Laisse** le chien sortir dans le jardin*
Let the dog go out in the yard

100. SOUVENT | Often

*Rénover une maison est **souvent** plus long que prévu*
Renovating a house often takes longer than expected

101. DEVENIR | To become

*Il **est devenu** docteur en 2005*
He became a doctor in 2005

102. DIFFICILE | Difficult

*Cette année était **difficile** pour elle*
This year was difficult for her

103. FROID - FROIDE | Cold

*Il fait tellement **froid** aujourd'hui*
It's so cold today

104. UNE AFFAIRE | A case

*Cette **affaire** se réglera au tribunal*
This case will be settled in court

105.   UN HOMME | A man

*Mon grand-père était un **homme** fascinant*
My grandfather was a fascinating man

106.   PENSER | To think

*À quoi **penses**-tu ?*
What are you thinking about ?

107.   UN TRAVAIL | A job

*Il n'y a pas de **travail** pour le moment*
There are no jobs at the moment

108.   MOURIR | To die

*Le lapin de ma sœur **est mort** la semaine dernière*
My sister's rabbit died last week

109.   UN NOM | A name

*Quel est votre **nom** ?*
What is your name ?

110.   SERVIR | To serve

*Le repas **sera servi** dans une minute*
The meal will be served in a minute

111.   UNE VILLE | A city

*Bruges est une des plus belles **villes** de Belgique*
Bruges is one of the most beautiful cities in Belgium

112.   MONTRER | To show

*Il m'**a montré** ses dessins fièrement*
He proudly showed me his drawings

113. RIRE | To laugh

Rire est le meilleur remède contre la tristesse
Laughing is the best remedy against sadness

114. LE TEMPS | The time

*Je n'ai pas beaucoup de **temps** aujourd'hui*
I don't have a lot of time today

115. RESTER | To stay

*Voulez-vous **rester** pour un café ?*
Do you want to stay for a coffee ?

116. DÉCIDER | To decide

*Il **a** finalement **décidé** d'étudier*
He finally decided to study

117. REGARDER | To watch

*Les enfants **regardent** la télévision avec leurs amis*
The kids are watching tv with their friends

118. AUCUN - AUCUNE | None - No

*Je n'ai **aucun** souvenir de cela*
I have no memory of that

119. UN JOUR | A day

*Un **jour**, je deviendrai docteur*
One day, I will become a doctor

120. UNE FEMME | A woman

*Quelle belle **femme** !*
What a beautiful woman !

121.   MANQUER | To miss

*Vous me **manquez** beaucoup*
I miss you a lot

122.   PASSER | To pass - To spend

*Nous **passons** le week-end à la mer*
We are spending the weekend by the sea

123.   UNE FAMILLE | A family

*Ma **famille** se réunit toujours pour Noël*
My family always gets together for Christmas

124.   JEUNE | Young

*Ma sœur est **jeune**, elle a seulement 14 ans*
My sister is young, she is only 14 years old

125.   AIDER | To help

*L'infirmier **aide** le chirurgien durant l'opération*
The nurse helps the surgeon during the operation

126.   ÉCRIRE | To write

*Nous n'**écrivons** plus de lettres de nos jours*
Nowadays we don't write letters

127.   L'HEURE | The time - The hour

*Quelle **heure** est-il ?*
What time is it ?

128.   PETIT - PETITE | Small

*Just un **petit** bout de gâteau pour moi*
Just a small piece of cake for me

129. TOMBER | To fall

*Il **est tombé** de l'échelle*
He fell from the ladder

130. UNE PLACE | A place - A seat

*Je vous garderai une **place***
I will save you a seat

131. UN PLAN | A plan

*Son **plan** est de rentrer à la maison la semaine prochaine*
Her plan is to come back home next week

132. DUR - DURE | Hard

*Cette randonnée est très **dure***
This hike is very hard

133. SENTIR | To feel - To smell

*Cela **sent** le gaz ici*
It smells like gas here

134. LONG - LONGUE | Long

*Ce film est **long** et ennuyant*
This movie is long and annoying

135. L'ARGENT (m) | The money

*L'**argent** ne fait pas le bonheur*
Money doesn't make you happy

136. DEMANDER | To ask

*Il **demande** un conseil au professeur*
He asks for advice from the teacher

137. MEILLEUR - MEILLEURE | Best - Better

*Le pain est **meilleur** quand il est frais*
Bread is best when it's fresh

138. UNE QUESTION | A question

*Est-ce que tu as une **question** ?*
Do you have a question ?

139. GRAND - GRANDE | Tall

*Il est plus **grand** que moi*
He is taller than me

140. UN AMI - UNE AMIE | A friend

*Julian est un **ami** formidable*
Julian is a great friend

141. OCCUPER | To occupy - To be busy

*Elle **est occupée** dans la cuisine*
She is busy in the kitchen

142. ARRÊTER | To stop

*La voiture **est arrêtée** sur le bord de la route*
The car stopped on the side of the road

143. TÔT | Early

*Il est important de se lever **tôt***
It's important to wake up early

144. GÉNÉRAL | General

*Il a de bonnes notes en **général***
He has good grades in general

145.   FIN - FINE | Thin

*La pâte de cette tarte est très **fine***
The pastry of this pie is very thin

146.   CHAQUE | Each - Every

***Chaque** matin, elle se brosse les dents*
Every morning, she brushes her teeth

147.   UTILISER | To use

*C'est mieux d'**utiliser** des produits naturels dans la maison*
It's better to use natural products at home

148.   RESSEMBLER | To look alike

*C'est fou comme vous vous **ressemblez***
It's crazy how alike you look

149.   MAL | Bad

*C'est **mal** de se moquer des autres*
It's bad to make fun of others

150.   SEMBLER | To seem

*Il **semble** que le professeur est malade aujourd'hui*
It seems that the teacher is sick today

151.   TROP | Too much - Too many

*Il y a **trop** de sel dans cette recette*
There is too much salt in this recipe

152.   LUI | Him

Est-ce que tu **lui as rendu son livre ?**
Did you give him back his book ?

153. HAUT - HAUTE | High - Tall

*La tour Eiffel mesure plus de 300 mètres de **haut***
The Eiffel Tower is more than 300 metres tall

154. UNE FILLE | A girl - A daughter

*Dans ma classe, il y a six **filles** et sept garçons*
In my class, there are six girls and seven boys

155. SEULEMENT | Only

*Il gagne **seulement** 10 dollars de l'heure*
He only earns 10 dollars an hour

156. CELA | That

***Cela** arrive !*
That happens !

157. AUJOURD'HUI | Today

***Aujourd'hui** c'est notre anniversaire de mariage*
Today is our anniversary

158. REVENIR | To come back

*Elles **sont revenues** ce matin*
They came back this morning

159. TRAVAILLER | To work

*Ils **travaillent** tous les dimanches*
They work every Sunday

160. UNE CHOSE | A thing

*Une **chose** à la fois*
One thing at a time

161. BOUGER | To move

*Peux-tu m'aider à **bouger** la table ?*
Can you help me to move the table ?

162. BATTRE | To beat

*L'équipe **a battu** son adversaire 3-0*
The team beat their opponent 3-0

163. EXPLIQUER | To explain

*Pourriez-vous **expliquer** plus lentement ?*
Could you explain more slowly ?

164. VIEUX - VIEILLE | Old

*Ce **vieux** fauteuil est tellement confortable*
This old armchair is so comfortable

165. ADORER | To adore

*Elle **adore** cette maison*
She adores this house

166. PENDANT | During - While

*Il est arrivé **pendant** que nous mangions*
He arrived while we were eating

167. APPORTER | To bring

*Les élèves **apportent** des gâteaux à l'école pour leur anniversaire*
Students bring a cake to school for their birthdays

168. LES CHEVEUX | The hair

*Ses **cheveux** sont blond clair*
Her hair is light blond

169.   NOTRE | Ours

Notre voiture est en panne depuis lundi
Our car has been broken since Monday

170.   JOUER | To play

Les enfants jouent au parc avec leurs amis
The kids play at the park with their friends

171.   BESOIN (avoir) | To need

Tu as besoin de repos
You need some rest

172.   TROIS | Three

Le voyage durera trois semaines
The trip will last three weeks

173.   OUI | Yes

Ils se sont dit "oui"
They said "yes"

174.   NEUF | Nine - New

Cette voiture a neuf ans mais elle est en bon état
This car is nine years old but it's in a good condition

175.   DERNIER - DERNIÈRE | Last

C'est la dernière bouteille
This is the last bottle

176.   ROUGE | Red

Cette jupe rouge est élégante
This red skirt is elegant

177. **TUER** | To kill

*Ils **ont été tués** dans un accident de voiture*
They were killed in a car accident

178. **SÛR - SÛRE** | Sure

*Je suis **sûre** que tout ira bien*
I am sure that everything will be

179. **DEUX** | Two

***Deux** tasses de café sont assez pour me réveiller*
Two cups of coffee are enough to wake me up

180. **CERTAIN - CERTAINE** | Sure

*Êtes-vous **certain** de ce que vous avez vu ?*
Are you sure of what you saw ?

181. **DORMIR** | To sleep

*Il **dort** toujours comme un bébé*
He always sleeps like a baby

182. **DÎNER** | To have dinner

*Mes parents **dînent** toujours à 20 heures*
My parents always have dinner at 8pm

183. **ENTRE** | Between

***Entre** nous, cela ne m'a pas surpris*
Between us, that didn't surprise me

184. **ENSEMBLE** | Together

*Est-ce que vous viendrez **ensemble** ?*
Will you come together ?

185.   RIEN | Nothing

*Je n'ai **rien** à me mettre*
I have nothing to wear

186.   MOI | Me

*Laisse-**moi** t'expliquer mon point de vue*
Let me explain my point of view to you

187.   ESSAYER | To try

*Tu dois **essayer** cette nouvelle salle de sport*
You have to try this new gym

188.   UN TÉLÉPHONE | A phone

*Le **téléphone** a sonné toute la journée*
The phone rang all day

189.   FINIR | To finish - To end

*Ce jeu va mal **finir***
This game will end up badly

190.   PAYER | To pay

*Merci de **payer** par carte de crédit*
Thank you for paying by credit card

191.   GENTIL - GENTILLE | Nice

C'est tellement gentil de ta part
It's so nice of you

192.   UNE TABLE | A table

*Plusieurs options sont sur la **table***
A number of options are on the table

193. RAPPELER | To call back

*Peux-tu **rappeler** ce client ?*
Can you call this client back ?

194. QUELQUES | Few

*La secrétaire est partie **quelques** jours en vacances*
The secretary is away on vacation for a few days

195. DEPUIS | Since - For

*Elle attend **depuis** deux heures*
She has been waiting for two hours

196. VERS | Towards

*Le bateau se dirige **vers** le port*
The boat goes towards the port

197. FACILE | Easy

*Le test était **facile***
The test was easy

198. LE MONDE | The world

*Il fait un tour du **monde** en 120 jours*
He is going around the world in 120 days

199. QUEL - QUELLE | What

***Quelle** est votre profession ?*
What is your profession ?

200. FERMER | To close

*Même avec la fenêtre **fermée**, on entend quand même le bruit*
Even with the window closed, we can still hear the noise

201. TARD | Late

*Il est **tard**, il est temps d'aller au lit*
It's late, it's time to go to bed

202. MÊME | Same

*Nous avons le **même** téléphone*
We have the same phone

203. LA VIE | The life

*C'est la **vie** !*
That's life !

204. LE PÈRE | The father

*Le **père** de mon amie a perdu son travail*
My friend's father lost his job

205. UN ANNIVERSAIRE | A birthday

*Son **anniversaire** est en janvier*
His birthday is in January

206. NON | No

*Si elle a dit **non**, je pense que c'est **non***
If she said no, I think it's no

207. QUOI | What

*Tu fais **quoi** aujourd'hui ?*
What are you doing today ?

208. LOIN | Far

*L'Europe est **loin** des États-Unis*
Europe is far from the United States

209. **L'EAU** | The water

L'eau de la fontaine est potable
The water in the fountain is drinkable

210. **RECEVOIR** | To receive

Ils ont reçu le colis ce matin
They got the package this morning

211. **AINSI** | Thus - How

C'est ainsi que le film se termine
This is how the movie ends

212. **ENVOYER** | To send

L'email a été envoyé par erreur
The email was sent by mistake

213. **CELLE** | This one - That one

Est-ce que vous voulez celle-ci ?
Do you want this one ?

214. **UN BRAS** | An arm

Je ne sais pas quoi faire de mes bras
I don't know what to do with my arms

215. **CHERCHER** | To search - To look for

Est-ce que vous cherchez quelque chose en particulier ?
Are you looking for something in particular ?

216. **COMMENCER** | To start

L'émission commence dans dix minutes
The show starts in ten minutes

217.   UNE MINUTE | A minute

*Donne-moi une **minute** s'il te plait*
Please give me a minute

218.   TIRER | To pull

***Tirez** pour ouvrir*
Pull to open

219.   DROIT - DROITE | Right - Straight

*Le cadre n'est pas **droit***
The frame is not straight

220.   CASSER | To break

*La porte du lave-vaisselle **est cassée***
The dishwasher's door is broken

221.   ENCORE | Again

*Il a **encore** regardé la télévision tard*
He watched tv late again

222.   BONJOUR | Hello

*On dit **"Bonjour"** jusque 18 heures*
We say "Hello" until 6pm

223.   PARFOIS | Sometimes

***Parfois** c'est mieux de faire une pause*
Sometimes it's better to take a break

224.   UN AN | A year

*J'ai 32 **ans** en novembre*
I am 32 years old in November

225.   DONT | Which - Including

J'ai acheté deux cafés, **dont** *un pour toi*
I bought two coffees, including one for you

226.   HIER | Yesterday

Il y avait une tempête **hier**
There was a storm yesterday

227.   UNE CHAMBRE | A bedroom

Les murs de la **chambre** *sont bleus*
The bedroom walls are blue

228.   GAGNER | To win

C'est rare de **gagner** *à la loterie*
It's rare to win the lottery

229.   CHER - CHÈRE | Expensive

Ce pantalon était **cher,** *mais la qualité est très bonne*
This pair of pants was expensive, but the quality is very
good

230.   DEHORS | Outside

Le chien joue **dehors**
The dog is playing outside

231.   DÉJÀ | Already / Ever

As-tu **déjà** *commandé sur internet ?*
Have you ever ordered from the internet ?

232.   UN VERRE | A glass - A drink

Puis-je avoir un **verre** *d'eau ?*
Can I have a glass of water ?

233.   CELUI | The one

*As-tu essayé **celui**-ci ?*
Have you tried this one ?

234.   PERMETTRE | To allow

*Il n'est pas **permis** de fumer à l'intérieur*
Smoking is not allowed inside

235.   ÉCOUTER | To listen

*Elle **écoute** un podcast sur la terrasse*
She is listening to a podcast on the patio

236.   ALORS | Then

*Et **alors** ? Qu'est-ce qu'il s'est passé ?*
And then ? What happened ?

237.   UN CHIEN | A dog

*C'est mieux d'adopter un **chien** que d'acheter un chiot*
It's better to adopt a dog than buying a puppy

238.   MAUVAIS - MAUVAISE | Bad

*Tu es un mauvais **exemple** pour ton frère*
You are a bad example for your brother

239.   BRÛLER | To burn

*Le bois **brûle** dans la cheminée*
The wood is burning in the fireplace

240.   LE BUREAU | The desk - The office

*Le dossier est sur le **bureau***
The folder is on the desk

241.   SE COUCHER | To go to bed

*Je **me couche** tôt en semaine*
I go to bed early during the week

242.   VIVRE | To live

***Vivre** à l'étranger peut être difficile*
Living abroad can be difficult

243.   UNE VOITURE | A car

*La **voiture** est au garage jusque mardi*
The car is at the shop until Tuesday

244.   RETOURNER | To go back

*Il **est retourné** à Barcelone après quelques semaines*
He went back to Barcelona after a few weeks

245.   BAS - BASSE | Low

*La marée est **basse** ce matin*
The tide is low this morning

246.   UN ACCORD | An agreement

*Un **accord** a été trouvé entre les avocats*
An agreement was reached between the lawyers

247.   UNE MAIN | A hand

*Mon fils s'est cassé la **main** en tombant à vélo*
My son broke his hand falling from his bicycle

248.   L'ÂGE | The age

*Quel est l'**âge** légal pour boire de l'alcool ?*
What is the legal age to drink alcohol ?

249. UN TRAIN | A train

*Le **train** part à 16h17*
The train leaves at 4.17 pm

250. CALME | Calm

*La rivière est **calme** le matin*
The river is calm in the morning

251. TEL | Such - Like

*Rien de **tel** qu'un bon café*
Nothing like a good coffee

252. TERMINER | To end - To finish

*Leur relation s'**est terminée** récemment*
Their relation ended recently

253. LE CIEL | The sky

*Le **ciel** est dégagé aujourd'hui*
They sky is clear today

254. PERDRE | To lose

*Il **a perdu** son portefeuille le week-end dernier*
His lost his wallet last weekend

255. MONSIEUR | Sir

*Est-ce que je peux vous aider **monsieur** ?*
Can I help you sir ?

256. CHANTER | To sing

*J'adore **chanter** sous la douche*
I love singing in the shower

257. UN MOMENT | A moment

*Un **moment** comme celui-ci est inoubliable*
A moment like this is unforgettable

258. SORTIR | To go out - To exit

*Veux-tu **sortir** ce soir ?*
Do you want to go out tonight ?

259. NAÎTRE | To be born

*Notre fille **est née** le 28 novembre*
Our daughter was born on the 28th of November

260. UNE MUSIQUE | A music

*Cette **musique** a été écrite en 1995*
This music was written in 1995

261. LE SOLEIL | The sun

*Le **soleil** est dangereux pour la peau*
The sun is dangerous for the skin

262. UN PIED | A foot

*Ses **pieds** gonflent quand il fait chaud*
His feet swell when it's warm

263. SEUL - SEULE | Alone

*Ma sœur est **seule** à la maison*
My sister is home alone

264. DONC | So

*Elle n'aime jamais mes cadeaux, **donc** je ne lui achète plus rien*
She never likes my gifts, so I don't buy her anything
anymore

265. VOLER | To fly - To steal

*Les avions ne peuvent pas **voler** la nuit*
Planes can't fly at night

266. GAUCHE | Left

*Le magasin sera sur votre **gauche***
The store will be on your left

267. COMMENCER | To start - To begin

*Le film **commence** dans une demi-heure*
The movie starts in half an hour

268. RÉPONDRE | To answer - To respond

***Répondre** aux emails professionnels est essentiel*
Answering professional emails is essential

269. UN LIVRE | A book

*C'est mon **livre** préféré*
It's my favourite book

270. LEUR | Their - Them

*Le professeur **leur** pose une question*
The teacher asks them a question

271. DEMAIN | Tomorrow

***Demain**, c'est le 29 mai*
Tomorrow, it's May 29th

272. UNE MÈRE | A mother

*Ma **mère** est toujours là pour nous*
My mother is always there for us

273. EN EFFET | Indeed

En effet, cela me plaît beaucoup
Yes indeed, this pleases me a lot

274. GARDER | To keep - To take care of

*Mes parents **gardent** notre chien quand nous sommes en vacances*
My parents take care of our dog when we are on vacation

275. UN LIT | A bed

*Notre nouveau **lit** sera livré lundi prochain*
Our new bed will be delivered next Monday

276. UNE RAISON | A reason

*Quelle est la **raison** de ton retard ?*
What is your reason for being late ?

277. PARTIR | To leave

*Dépêche-toi, nous devons **partir***
Hurry up, we have to leave

278. UN CAS | A case

*Un nouveau **cas** de grippe a été confirmé*
A new case of flu has been confirmed

279. UN BÉBÉ | A baby

*Le **bébé** ne dort pas bien la nuit*
The baby doesn't sleep well at night

280. RÊVER | To dream

*Elle **rêve** de devenir avocate*
She dreams about becoming a lawyer

281.   UN FILS | A son

*Le **fils** de mon cousin vient de fêter ses 18 ans*
My cousin's son just celebrated his 18th birthday

282.   LA RADIO | The radio

*La **radio** de la voiture ne fonctionne plus*
The car's radio doesn't work anymore

283.   UN GARÇON | A boy

*Ce **garçon** a beaucoup de problèmes à l'école*
This boy has a lot of problems at school

284.   UNE BOUCHE | A mouth

*Ne mangez pas avec la **bouche** ouverte*
Don't eat with your mouth open

285.   RENCONTRER | To meet

*Il **a rencontré** ses parents à Noël*
He met his parents for Christmas

286.   VRAI - VRAIE | Real - True

*Cette histoire n'est pas **vraie***
This story is not true

287.   UN GROUPE | A group

*Les verbes du premier **groupe** sont faciles à conjuguer*
Verbs of the first group are easy to conjugate

288.   UNE SEMAINE | A week

*L'école commence dans une **semaine***
School starts in a week

289. UNE ROUTE | A road

*Cette **route** est dangereuse en hiver*
This road is dangerous during the winter

290. UNE ÉCOLE | A school

*Il changera d'**école** quand nous déménageons*
He will change schools when we move

291. LE SANG | The blood

*Donner son **sang** sauve des vies*
Giving blood saves lives

292. UN MOT | A word

*Je ne sais jamais comment épeler ce **mot***
I never know how to spell this word

293. RENDRE | To give back

*Les locataires **ont rendu** les clés de l'appartement*
The tenants gave back the keys of the apartment

294. LA VUE | The sight

*Les gens qui ont une mauvaise **vue** doivent porter des lunettes*
People who have a bad sight have to wear glasses

295. UNE PEUR | A fear

*Sa **peur** du vide l'empêche de faire beaucoup de choses*
His fear of heights prevents him from doing a lot of
things

296. DANSER | To dance

*Les ballerines **dansent** plusieurs heures par jour*
Ballerinas dance several hours a day

297. NOIR - NOIRE | Black

*As-tu vu mon pantalon **noir** ?*
Have you seen my black pair of pants ?

298. SOUS | Under

*Il fait trop chaud **sous** les couvertures*
It's too warm under the covers

299. LE DÎNER | The dinner

*Le **dîner** est prêt*
Dinner is ready

300. LE MATIN | The morning

*Il y a beaucoup de trafic le **matin***
There is a lot of traffic in the morning

301. (s') INQUIÉTER | To worry

*Elle **s'inquiète** toujours pour un rien*
She always worries for nothing

302. UNE LETTRE | A letter

*La **lettre** B est entre la **lettre** A et la **lettre** C*
The letter B is between the letter A and the letter C

303. UN CHEVAL | A horse

*Le **cheval** passe sa journée dans le champ*
The horse spends his day in the fields

304. LE FEU | The fire

*J'ai hâte d'aller camper pour faire un **feu***
I can't wait to go camping to make a fire

305.   UN BATEAU | A boat

*Le **bateau** a quitté le port ce matin*
The boat left the port this morning

306.   CLAIR - CLAIRE | Clear - Light

*Il est **clair** qu'il n'a jamais envoyé cette lettre*
It's clear that he never sent this letter

307.   UNE PIÈCE | A room

*Cette **pièce** va être rénovée et deviendra la salle de jeux*
This room will be renovated and will become the games room

308.   BLANC - BLANCHE | White

*Acheter un canapé **blanc** n'était pas une bonne idée*
Buying a white couch was not a good idea

309.   SAUVER | To save

*Les habitants **ont été sauvés** par les pompiers*
The residents were saved by firefighters

310.   L'ART (m) | The art

*L'**art** peut être un bon investissement*
Art can be a good investment

311.   UN ÉTÉ | A summer

*Cet **été** était l'**été** le plus chaud depuis dix ans*
This summer was the warmest summer in ten years

312.   SALE | Dirty

*Les tapis sont **sales**, ils doivent être nettoyé*
The carpets are dirty, they need be cleaned

313.   UNE HISTOIRE | A story

*Cette **histoire** est vraiment étrange*
This story is very strange

314.   PAUVRE | Poor

***Pauvre** de toi !*
Poor you !

315.   ME | Myself

*La réceptionniste **me** donne la clé de la chambre*
The receptionist gives me the key to the room

316.   UN JEU | A game

*J'ai inventé un nouveau **jeu***
I invented a new game

317.   LE CHEF | The cook

*Le **chef** de ce restaurant est aussi le patron*
The cook of this restaurant is also the boss

318.   LIVRER | To deliver

*Le facteur **livre** seulement les petits colis*
The mailman only delivers small packages

319.   CEUX | Those - These - The ones

*Où sont **ceux** que j'ai amené ?*
Where are the ones I brought ?

320.   LA DATE | The date

*Quelle est la **date** d'aujourd'hui ?*
What is the date today ?

321.   S'IL TE PLAIT | Please (casual)

*Est-ce que je peux utiliser ton téléphone **s'il te plait** ?*
Can I use your phone please ?

322.   EXACTEMENT | Exactly

*Il est **exactement** 10 heures*
It's exactly 10 o'clock

323.   VENDRE | To sell

*Cette voiture **a été vendue** aux enchères*
This car has been sold in auctions

324.   MES | My

***Mes** parents sont retraités*
My parents are retired

325.   DIX | Ten

*Notre maison sera finie dans **dix** jours*
Our house will be done in ten days

326.   UN APPARTEMENT | An apartment

*Ils louent un **appartement** proche du parc*
They rent an apartment close to the park

327.   PARCE QUE | Because

*Je ne peux pas venir **parce que** je suis puni*
I can't come because I am grounded

328.   PARTOUT | Everywhere

*Il y a des fourmis **partout***
There are ants everywhere

329.   ESPÉRER | To hope

Espérons que le temps s'améliore
Let's hope that the weather gets better

330.   JUSTE | Just

*Nous venons **juste** de recevoir le courrier*
We just got mail

331.   ACCOMPAGNER | To accompany

*Peux-tu **accompagner** les enfants ?*
Can you accompany the kids ?

332.   AGIR | To act

*Il faut **agir** vite*
We have to act quickly

333.   ABSOLUMENT | Absolutely

*Nous devons **absolument** être à l'heure*
We absolutely have to be on time

334.   MA | My

***Ma** voiture a besoin de nouveaux pneus*
My car needs new tires

335.   ACCEPTER | To accept

*Est-ce qu'ils **ont accepté** leur offre ?*
Did they accept their offer ?

336.   PRESQUE | Almost

*Il a **presque** fini son dessin*
He is almost done his drawing

337. MON | My

*Je range toujours **mon** journal intime dans mon bureau*
I always put my journal in my desk

338. QUITTER | To leave

*Elle **a quitté** le travail à 17 heures*
She left work at 5pm

339. IMPORTANT - IMPORTANTE | Important

*Ce courrier est **important***
This mail is important

340. GROS - GROSSE | Big

*Le chien est au régime car il est trop **gros***
The dog is on a diet because he is too big

341. APPARTENIR | To belong

*Ce cahier **appartient** à mon ami*
This notebook belongs to my friend

342. UN CAFÉ | A coffee

*Le **café** colombien est excellent*
Colombian coffee is excellent

343. CINQ | Five

*Je ne peux pas me décider entre ces **cinq** robes*
I can't decide between these five dresses

344. LE CŒUR | The heart

*Il a un grand **cœur***
He has a big heart

345. L'AMOUR (m) | The love

*L'**amour** est un sentiment fort*
Love is a strong feeling

346. UN INSTANT | An instant

*Je serai là dans un **instant***
I will be there in an instant

347. LONGTEMPS | Long time

*Il y a **longtemps** que la guerre est finie*
It has been a long time that the war ended

348. REMETTRE | To put back

*Elle **a remis** l'article en rayon*
She put back the article in the rack

349. UN CHEMIN | A path

*Montre-lui le **chemin***
Show him the path

350. UN AVIS | An opinion

*Son **avis** est important pour la décision*
Her opinion is important for the decision

351. LE VENT | The wind

*Le **vent** a claqué la porte*
The wind slammed the door

352. UNE CHANCE | A chance

*C'est un bon étudiant, il a toutes les **chances** de réussir*
He is a good student, he has every chance of success

353. TANT (que) | As long as

Tant que le projet est terminé, cela m'est égal
As long as the project is done, I don't mind

354. TOUCHER | To touch

Ne pas toucher les œuvres d'art
Do not touch the works of art

355. CET | This

Cet abricot est juteux
This apricot is juicy

356. SANS | Without

Elle est venue sans son mari
She came without her husband

357. OK | Ok

Après cela on va se retrouver au café, ok ?
After this we will meet up at the pub, ok ?

358. SEPT | Seven

L'usine de bonbons a fermée il y a sept ans
The candy's factory closed seven years ago

359. SUPPORTER | To support - To bear

Les pierres supportent le pont
The rocks support the bridge

360. LA MOITIÉ | Half

La moitié de dix est cinq
Half of ten is five

361.   D'ACCORD | Ok - Alright

D'accord, *on peut faire ça*
Alright, we can do that

362.   SALUT | Hi

Salut *John. Comment ça va ?*
Hi John. How are you ?

363.   LARGE | Large

*Ce manteau est trop **large** pour moi*
This coat is too large for me

364.   (s') ASSEOIR | To sit down

*Les joueurs **sont assis** sur le banc*
The players are sitting on the bench

365.   DEVANT | In front of

*Le vélo est **devant** la maison*
The bike is in front of the house

366.   EURO | Euro

*Le nouvel iPhone coûte 400 **euros***
The new iPhone costs 400 euros

367.   HÉLAS | Unfortunately

Hélas, *il n'a pas survécu*
Unfortunately, he didn't survive

368.   FAUX - FAUSSE | Fake - Wrong

*Cette ceinture est **fausse***
This belt is fake

369. CHARGER | To charge

*Le téléphone **charge** sur le comptoir*
The phone charges on the counter

370. D'ABORD | First

*Fini tes devoirs **d'abord***
Finish your homework first

371. SOUHAITER | To wish

*Nous te **souhaitons** un bon anniversaire*
We wish you a happy birthday

372. SÉPARER | To separate

*Mes parents **sont séparés** depuis deux ans*
My parents have been separated for two years

373. SUPPOSER | To assume

*Je **suppose** que cela ne sera pas long*
I assume that it won't be long

374. ENDROIT | A place

*Cet **endroit** n'est pas connu de tout le monde*
This place is not known to everybody

375. REVOIR | To review - To see again

*Il **revoit** avant son examen*
He reviews before his exam

376. L'ARRIÈRE (m) | The rear - The back

*Le sachet est à l'**arrière** de la voiture*
The bag is at the back of the car

377.   UN SENS | A sense

*Dans un **sens**, il n'a pas tort*
In a sense, he is not wrong

378.   UN PAIN | A loaf of bread

*Le **pain** doit cuire pendant 30 minutes*
The loaf of bread has to bake for 30 minutes

379.   L'ANGLAIS (m) | English

*L'**anglais** est sa langue maternelle*
English is her mother tongue

380.   AILLEURS | Somewhere else

*J'aimerais vivre **ailleurs***
I would like to live somewhere else

381.   UN BILLET | A bill

*Est-ce que tu as un **billet** de 20 dollars ?*
Do you have a 20 dollars bill ?

382.   UNE PART | A part - A piece

*Quelle **part** de gâteau veux-tu ?*
What piece of cake do you want ?

383.   DOUX - DOUCE | Soft

*La couverture du bébé est **douce***
The baby blanket is soft

384.   UN SAC | A bag - A purse

*As-tu vu mon **sac** ?*
Have you seen my purse ?

385.   UN FILM | A movie

*La fin de ce **film** est surprenante*
The end of this movie is surprising

386.   VÉRIFIER | To check - To verify

*Son compte **a été vérifié***
His account has been checked

387.   OUBLIER | To forget

*Il **a oublié** sa collation*
He forgot his snack

388.   MORT - MORTE | Dead

*Mon ordinateur est **mort***
My computer is dead

389.   LA TÉLÉVSION | The television

*Il n'y a rien à la **télévision***
There is nothing on television

390.   RICHE | Rich

*La pomme de terre est **riche** en amidon*
The potato is rich in starch

391.   LA VOIX | The voice

*Il a la **voix** cassée*
He has a broken voice

392.   CAR | Because

*Nous déménageons **car** notre appartement est trop petit*
We are moving because our apartment is too small

393. TRISTE | Sad

*Quelle **triste** nouvelle !*
What a sad news !

394. LE MARIAGE | The marriage - The wedding

*Leur **mariage** a duré 10 ans*
Their marriage lasted 10 years

395. LE PETIT-DÉJEUNER | The breakfast

*Le **petit-déjeuner** était copieux*
The breakfast was hearty

396. PAPA | Dad

*Demande à **papa***
Ask dad

397. UN MÉDECIN | A doctor

*Le **médecin** est 15 minutes en retard*
The doctor is 15 minutes late

398. MONTER | To go up - To turn up

***Monte** le son s'il te plait*
Turn up the sound please

399. UN DOIGT | A finger

*Son **doigt** est infecté*
His finger is infected

400. UNE CONDITION | A condition

*Une partie de la population vit dans des **conditions** difficiles*
A part of the population lives in difficult conditions

401.   ÉTUDIER | To study

*Tu dois **étudier** pour réussir*
You have to study to succeed

402.   UNE CHAUSSURE | A shoe

*Ces **chaussures** sont trop grandes*
These shoes are too big

403.   DÉTESTER | To hate

*Il **déteste** les conflits*
He hates conflicts

404.   UN DOLLAR | A dollar

*Le **dollar** américain est plus fort que le **dollar** canadien*
The American dollar is stronger than the Canadian
dollar

405.   HUIT | Eight

*Ce voyage dure **huit** jours*
This trip lasts eight days

406.   LA PEAU | The skin

*La **peau** est faite de trois couches*
The skin is made of three layers

407.   LE PATRON | The boss

*C'est le **patron** qui paie les factures*
It's the boss who pays the bills

408.   DISPARAÎTRE | To disappear

*Le prisonnier **a disparu** durant la nuit*
The prisoner disappeared during the night

409. RENTRER | To come in

Rentre *avant que l'orage commence*
Come in before the storm starts

410. UN ACCIDENT | An accident

*L'**accident** est arrivé autour de minuit*
The accident happened around midnight

411. UNE IMPRESSION | An impression - A feeling

*J'ai l'**impression** de le connaître*
I have the feeling that I know him

412. UN CAPITAINE | A captain

*Le **capitaine** du bateau est en train de dormir*
The captain of the boat is sleeping

413. UN LIEU | A location

*Le **lieu** de la cérémonie n'est pas encore connu*
The location of the ceremony is not known yet

414. MIEUX | Better

*C'est tellement **mieux** quand il fait beau*
It's so much better when the weather is nice

415. AJOUTER | To add

*La recette dit d'**ajouter** du sel*
The recipe says to add salt

416. MADAME | Miss

***Madame** Levon est la prochaine patiente*
Miss Levon is the next patient

417.   ENSUITE | Then

Ensuite, nous sommes allés au cinéma
Then, we went to the theater

418.   DRÔLE | Funny - Weird

Quelle drôle de chat
What a weird chat

419.   SÉRIEUX - SÉRIEUSE | Serious

Il n'était pas sérieux quand il a dit ça
He wasn't serious when he said that

420.   JURER | To swear

Ne jure pas devant ta sœur
Don't swear in front of your sister

421.   LE GENRE | The type

J'aime beaucoup ce nouveau genre de musique
I really like this new type of music

422.   LE BAR | The pub

Le bar ferme dans 30 minutes
The pub closes in 30 minutes

423.   UNE SŒUR | A sister

Ma sœur étudie pour devenir psychologue
My sister is studying to become a psychologist

424.   UN HÔPITAL | An hospital

L'hôpital le plus proche est à 15 kilomètres
The closest hospital is 15 kilometres away

**425.   UN TOUR | ** A tour - A round

*L'agent immobilier fait un **tour** de la maison*
The real estate agent does a tour of the house

**426.   UNE PHOTO | ** A photo

*C'est rapide de prendre des **photos** avec son téléphone*
It's quick to take pictures with your phone

**427.   LE DÉJEUNER | ** The lunch

*Je n'ai pas eu le temps de manger mon **déjeuner***
I didn't have time to eat my lunch

**428.   UN CADEAU | ** A gift

*Elle a reçu un nouveau téléphone en **cadeau***
She got a new phone as a gift

**429.   UN FRÈRE | ** A brother

*Le **frère** de mon ami est malade*
My friend's brother is sick

**430.   UNE SURPRISE | ** A surprise

*La fête **surprise** était une réussite*
The surprise party was a success

**431.   SAUF | ** Except

*J'ai tout pris **sauf** mon chargeur*
I took everything except my charger

**432.   BLEU - BLEUE | ** Blue

*Sa couleur préférée est le **bleu***
Her favourite colour is blue

433. UN CHAT | A cat

*Les **chats** sont des créatures étranges*
Cats are weird creatures

434. UNE SOIRÉE | An evening

*Cette **soirée** était exceptionnelle*
This evening was amazing

435. UNE VISITE | A visit

*La **visite** dure 1 heure et coûte 10 dollars*
The visit lasts 1 hour and costs 10 dollars

436. UN EXEMPLE | An example

*Ces phrases sont de parfaits **exemples***
These sentences are perfect examples

437. RÉPÉTER | To repeat

*Peux-tu **répéter** s'il te plait ?*
Can you repeat please ?

438. UN DÉBUT | A beginning

*Le **début** du film est surprenant*
The beginning of the movie is surprising

439. DOMMAGE | Pity

*Quel **dommage** !*
What a pity !

440. EXISTER | To exist

*Les fées n'**existent** que dans les livres et dans les histoires*
Fairies only exist in books and stories

441. UN PARENT | A parent

*Ses **parents** ont divorcé il y a quelques années*
His parents divorced a few years ago

442. QUATRE | Four

*Mon mari a **quatre** cousins*
My husband has four cousins

443. UNE BANQUE | A bank

*La **banque** est fermée le samedi*
The bank is closed on Saturdays

444. UNE ROBE | A dress

*Cette **robe** a été faite sur mesure*
This dress has been tailored

445. UN ARBRE | A tree

*Les **arbres** produisent de l'oxygène*
Trees produce oxygen

446. DERRIÈRE | Behind

*Le garçon se cache **derrière** sa mère*
The boy hides behind his mother

447. UN HÔTEL | A hotel

*Cet **hôtel** a une piscine et un spa*
This hotel has a pool and a spa

448. UNE RÉPONSE | An answer - A response

*Personne n'a trouvé la bonne **réponse***
Nobody found the right answer

449.   ASSURER | To insure - To assure

*Je t'**assure** que c'est vrai*
I assure you it's true

450.   UNE FORME | A shape

*Jouer avec des **formes** est important pour les enfants*
Playing with shapes is important for children

451.   UN COIN | A corner

*La plante est dans le **coin** de la pièce*
The plant is in the corner of the room

452.   UN OISEAU | A bird

*Les **oiseaux** font leurs nids avec des branches*
Birds make their nests with branches

453.   UNE CLASSE | A classroom - A class

*Sa **classe** est au deuxième étage*
His classroom is on the second floor

454.   LA SUITE | The next part

*La **suite** de cet épisode sera disponible bientôt*
The next part of this episode will be available soon

455.   TRAVERSER | To cross

*Attends avant de **traverser***
Wait before crossing

456.   DISCUTER | To discuss

*Pouvez-vous **discuter** de vos problèmes en privé ?*
Can you discuss your problems in private ?

457.   UN MOYEN | A way

*Quel est le **moyen** le plus rapide de lire un livre ?*
What is the fastest way to read a book ?

458.   UNE DAME | A lady

*Une **dame** a apporté ce paquet pour toi*
A lady brought this package for you

459.   PEUT-ÊTRE | Maybe

***Peut-être** qu'il serait bon de changer de route*
Maybe it would be good to change routes

460.   TENTER | To try

*Le technicien **tente** de résoudre le problème*
The technician tries to solve the problem

461.   UNE OREILLE | An ear

*Une infection de l'**oreille** doit être surveillée de près*
An ear infection has to be monitored closely

462.   UN RAPPORT | A report

*Le **rapport** doit être sur son bureau dans une heure*
The report has to be on his desk in an hour

463.   RETROUVER | To find - To find again

*On n'**a** jamais **retrouvé** sa montre*
We never found his watch

464.   LA FORCE | The strength

*Connaître ses **forces** et ses faiblesses est essentiel*
Knowing his strengths and weaknesses is essential

465.   LE VISAGE | The face

*Elle a un très beau **visage***
She has a beautiful face

466.   LE MIDI | Noon

*Le repas sera servi à **midi***
The meal will be served at noon

467.   ATTENTION | Attention - Watch out

***Attention** à la marche*
Watch out for the step

468.   UN TROU | A hole

*Il y a des **trous** partout dans le jardin !*
There are holes everywhere in the yard !

469.   AVANCER | To move

*Le rendez-vous **a été avancé** au 25 juin*
The appointment was moved to the 25th of June

470.   LE FEU | The fire

*Le **feu** dans la cheminée réchauffe la maison*
This fire in the fireplace warms up the house

471.   FACE | Front

*Le magasin est en **face** de l'église*
The store is in front of the church

472.   DÈS (que) | As soon as

*Je te l'apporte **dès que** possible*
I bring it to you as soon as possible

473.   UN SERVICE | A service

*Ce restaurant offre un **service** impeccable*
This restaurant offers an impeccable service

474.   LA MER | The sea

*La **mer** est calme ce matin*
The sea is calm this morning

475.   FOU - FOLLE | Crazy

*C'est **fou** ça !*
That's crazy !

476.   UNE ESPÈCE | A spice

*Tellement d'**espèces** sont en voie de disparition*
So many spices are endangered

477.   ATTAQUER | To attack

*L'ours **a attaqué** les promeneurs*
The bear attacked the walkers

478.   MALGRÉ | Despite

***Malgré** son absence, il a rendu son projet à temps*
Despite his absence, he returned his project on time

479.   EXACT | Exact

*Il m'a donné le lieu **exact***
He gave me the exact location

480.   LE BORD | The edge

*Le **bord** de la falaise est dangereux*
The edge of the cliff is dangerous

481.   DÉPÊCHER | To hurry

Dépêche-toi on va être en retard
Hurry up we are going to be late

482.   UN AGENT | An agent

L'agent de voyage a recommandé cet hôtel
The travel agent recommended this hotel

483.   LA VÉRITÉ | The truth

Personne n'a jamais su la vérité dans cette affaire
Nobody never knew the truth in this case

484.   UN APPEL | A call

L'appel a été transféré au directeur
The call was transferred to the director

485.   DÉJEUNER | To have lunch

Les élèves déjeunent à midi ou à midi et demi
Students have lunch at noon or at half-past noon

486.   UN NUMÉRO | A number

Le numéro gagnant est le neuf
The winning number is the nine

487.   LA FAIM | The hunger

La faim touche 113 millions de personnes dans le monde
Hunger affects 113 million of people in the world

488.   OBTENIR | To obtain

Les documents ont été obtenus illégalement
The documents were obtained illegally

489. UN SUJET | A subject

*Elle a jusqu'à demain pour choisir un **sujet** pour sa thèse*
She has until tomorrow to choose a subject for her thesis

490. UNE PARTIE | A game

*Cette **partie** est ennuyante*
This game is boring

491. UNE CLÉ | A key

*La nouvelle **clé** ne fonctionne pas bien*
The new key doesn't work well

492. UNE EXPÉRIENCE | An experience

*Combien d'années d'**expérience** avez-vous ?*
How many years of experience do you have ?

493. UNE IDÉE | An idea

*Son **idée** était bonne mais cela n'a pas été retenu*
His idea was great but it was not retained

494. DÉGAGER | To clear

*La route n'**a** toujours pas **été dégagée** depuis la tempête*
The road still hasn't been cleared after the storm

495. UN VOYAGE | A trip

*Suite au virus, le **voyage** a été annulé*
Following the virus, the trip was canceled

496. UNE JAMBE | A leg

*Tout le monde a une **jambe** plus courte que l'autre*
Everyone has a leg that is shorter than the other

497. AMUSER | To entertain - To amuse

*Le magicien **amuse** les enfants avec ses tours de magie*
The magician entertains the children with his magic tricks

498. UN MILLION | A million

*La Belgique compte presque 12 **millions** d'habitants*
Belgium has almost 12 million inhabitants

499. UN THÉ | A tea

*Rien de tel qu'un **thé** au milieu de l'après-midi*
Nothing like tea in the middle of the afternoon

500. UN ROI | A king

*Le **roi** n'a pas de pouvoir sur la politique du pays*
The king doesn't have power over politics in the country

501. FRAPPER | To knock

*Quelqu'un **frappe** à la porte*
Someone is knocking on the door

502. UNE SALLE | A room

*La **salle** est prête pour la réception*
The room is ready for the reception

503. UNE SECONDE | A second

*Il y a soixante **secondes** dans une minutes*
There are sixty seconds in a minute

504. UNE LUNE | The moon

*La pleine **lune** arrive plus ou moins une fois par mois*
The full moon occurs roughly once a month

505.   RÉUSSIR | To succeed

*Il **réussit** toujours tout ce qu'il veut*
He always succeeds on whatever he wants

506.   UNE MACHINE | A machine

*Les **machines** à remonter le temps n'existent pas*
Time machines don't exist

507.   POURTANT | However

*Il était là, **pourtant** je ne l'ai pas vu*
He was there, however I didn't see him

508.   IGNORER | To ignore

*Il est simple d'**ignorer** ses problèmes*
It's simple to ignore his problems

509.   UNE GUERRE | A war

*La première **guerre** mondiale a commencé en 1914*
The first world war started in 1914

510.   JETER | To throw

*Elle **a jeté** la balle trop fort*
She threw the ball too hard

511.   LA CHANSON | The song

*C'est une **chanson** que ma mère chantait*
It's a song that my mother sang

512.   DÉFENDRE | To defend

*L'avocat **défend** les droits de l'Homme*
The lawyer defends Human Rights

513. CHOISIR | To choose

*Comment **choisir** la meilleure option ?*
How to choose the best option ?

514. NI | Or

*Je n'ai pas de café **ni** de de thé*
I don't have coffee or tea

515. LA CAUSE | The cause

*La **cause** de l'incendie n'est toujours pas connue*
The cause of the fire is still not known

516. LE DOS | The back

*C'est important de prendre soin de son **dos***
It's important to take care of your back

517. LA CARTE | The menu - The card - The map

*Les **cartes** sont disponibles à l'office du tourisme*
The maps are available at the tourist's office

518. UNE JOURNÉE | A day

*Cette **journée** est interminable*
This day is endless

519. DEVINER | To guess

*Mon fils **a deviné** son cadeau de Noël*
My son guessed his Christmas gift

520. EUX | Them

*Tu n'es pas allé avec **eux** ?*
You didn't go with them ?

521.   UNE RÈGLE | A rule

*Tu dois obéir aux **règles** de l'école*
You have to obey to the school's rules

522.   UN CAMP | A camp

*Nous passions quelques semaines au **camp** tous les étés*
We spent a few weeks at camp every summer

523.   UN MARCHÉ | A market

*Les légumes du **marché** ouvert sont délicieux*
The open market's vegetables are delicious

524.   CHANGER | To change

*Il **a changé** de chaussures pour la randonnée*
He changed shoes for the hike

525.   UNE RUE | A street

*Les magasins sont dans la **rue** principale*
Shops are on the main street

526.   UNE BALLE | A ball

*Une **balle** de football est ronde*
A soccer ball is round

527.   PLEUVOIR | To rain

*Il **pleut** depuis quinze jours*
It has been raining for fifteen days

528.   LA LUMIÈRE | The light

*Éteindre les **lumières** est important pour la planète*
Turn off the light is important for the planet

529. UN AVION | A plane

*L'**avion** a un retard de deux heures*
The plane has a two hour delay

530. LA GLACE | The ice

*La **glace** fond à une vitesse incroyable*
The ice melt at an incredible speed

531. DIRIGER | To direct

*Le manager **dirige** les opérations*
The manager directs the operations

532. UN MARI | A husband

*Son **mari** lui a offert une voiture pour leur anniversaire*
Her husband gave her a car for their anniversary

533. SAUTER | To jump

*Certaines personnes peuvent **sauter** jusqu'à deux mètres*
Some people can jump up to two meters

534. UNE FLEUR | A flower

*Les **fleurs** commencent à éclore en mai*
Flowers start to bloom in May

535. UNE LIGNE | A line

*Le professeur trace une **ligne** au tableau*
The teacher draws a line on the board

536. UNE PIERRE | A rock

*Cette **pierre** est en forme de cœur*
This rock is shaped like a heart

537.   ENSEIGNER | To teach

*Il **a enseigné** pendant dix and avant de changer de carrière*
He taught for ten years before changing career

538.   UN MUR | A wall

*Ce **mur** va être démoli pour ouvrir la pièce*
This wall will be demolished to open the room

539.   ÉTRANGE | Strange

*J'ai entendu un bruit **étrange** dehors*
I heard a strange noise outside

540.   IMPORTER | To import

***Importer** est le contraire d'exporter*
Importing is the opposite of exporting

541.   UNE FENÊTRE | A window

*La **fenêtre** de la chambre donne sur le jardin*
The bedroom window looks out to the yard

542.   L'INTÉRIEUR | The interior

*L'**intérieur** de la maison a été complètement rénové*
The interior of the house has been completely renovated

543.   UNE CHAISE | A chair

*La **chaise** est un peu bancale*
The chair is a little wobbly

544.   INTÉRESSER | To interest

*Cette leçon **est intéressante***
This lesson is interesting

545.   MALADE | Sick

*Il ne se sent pas bien, je pense qu'il est **malade***
He doesn't feel well, I think he is sick

546.   UN AVOCAT | An avocado - A lawyer

*L'**avocat** est riche en vitamine K*
Avocado is rich in vitamin K

547.   UNE DENT | A tooth

*Un adulte a 32 **dents***
An adult has 32 teeth

548.   SIGNIFIER | To mean

*Il est important de comprendre ce que cela **signifie***
It's important to understand what this means

549.   UN ESPRIT | A spirit - A mind

*Dans la vie, il faut être ouvert d'**esprit***
In life, we have to be open minded

550.   UN PAPIER | A paper

*Est-ce que tu as un **papier** pour noter ?*
Do you have a piece of paper to take note ?

551.   IMAGINER | To imagine

***Imagine** si on était riche !*
Imagine if we were rich !

552.   UN ORDRE | An order

*Les cartes sont dans l'**ordre***
The cards are in order

553.   UNE ÉQUIPE | A team

*Une **équipe** de foot a onze joueurs*
A soccer team has eleven players

554.   UN ŒIL | An eye

*J'ai quelque chose dans l'**œil***
I have something in my eye

555.   UN SOUVENIR | A souvenir

*C'est un **souvenir** que nous avons acheté en Grèce*
It's a souvenir that we bought in Greece

556.   UNE LANGUE | A tongue - A language

*Les polyglottes parlent plusieurs **langues***
Polyglots speak several languages

557.   ENCHANTÉ - ENCHANTÉ | Delighted

*Nous étions **enchantés** de vous rencontrer*
We were delighted to meet you

558.   QUELQU'UN | Someone

*Il y a **quelqu'un** à la porte ?*
Is there someone at the door ?

559.   UN PLAISIR | A pleasure

*Quel **plaisir** de vous voir*
What a pleasure to see you

560.   RACONTER | To tell

*Il **raconte** tellement bien cette histoire !*
He tells this story so well !

561.   SELON | According to

Selon *la météo, il va pleuvoir cet après-midi*
According to the weather forecast, it's going to rain this afternoon

562.   FATIGUER | To tire - To be tired

*Les enfants **sont fatigués** aujourd'hui*
The children are tired today

563.   SES | His - Her

Ses *grands-parents habitent à dix minutes d'ici*
His grandparents live ten minutes away from here

564.   S'EXCUSER | To apologize

*Ils **se sont excusés** d'avoir oublié les documents*
They apologized for forgetting the documents

565.   TON | Your

*Où est **ton** frère ?*
Where is your brother ?

566.   EN RETARD | Late

*Il est très probable que nous arrivions **en retard***
It is very likely that we will arrive late

567.   UN ORDINATEUR | A computer

*Son **ordinateur** est puissant car il joue aux jeux vidéo*
His computer is powerful because he plays video games

568.   TOUT À FAIT | Quite - Entirely

*Leurs intentions ne sont pas **tout à fait** claires*
Their intentions aren't entirely clear

569. MÉLANGER | To mix

Mélanger la farine et le sel avant d'ajouter l'eau
Mix the flour and the water before adding the water

570. PLEURER | To cry

Les bébés pleurent quand ils ont faim
Babies cry when they are hungry

571. JUSQU'À | Until

Jusqu'à aujourd'hui, je n'avais jamais eu de problèmes
Until today, I never had problems

572. LE PASSÉ | The past

On ne peut pas changer le passé
We can't change the past

573. UNE MÉTHODE | A method

Je dois dire que c'est une méthode efficace
I have to say this is an efficient method

574. RÉSOUDRE | To resolve - To solve

Il est impossible de résoudre les problèmes de tout le monde
It's impossible to solve everybody's problems

575. LE SEL | The salt

Le sel vient de l'eau de mer
Salt comes from sea water

576. MINUIT | Midnight

À minuit, nous serons en 2021
At midnight, we will be in 2021

577. SURTOUT | Especially

Tout le monde a aimé le film, **surtout** *les enfants*
Everybody enjoyed the movie, especially the kids

578. S'HABILLER | To get dressed

Je **m'habille** *et je suis prête*
I am getting dressed and I am ready

579. ACTUELLEMENT | Currently

Actuellement*, ils vivent à New York*
Currently, they live in New York

580. UNE ENVIE | A desire - A wish - A craving

Les femmes enceintes ont des **envies** *surprenantes*
Pregnant women have surprising cravings

581. FINAL - FINALE | Final

Nous connaîtrons les résultats **finaux** *ce samedi*
We will know the final results this Saturday

582. ÉPELER | To spell

Pouvez-vous **épeler** *votre nom ?*
Can you spell your name ?

583. UNE ÉTOILE | A star

Les **étoiles** *ne sont pas visibles en ville*
Stars aren't visible in the city

584. DU LAIT | Some milk

Les **laits** *végétaux sont de plus en plus populaires*
Plant based milks are more and more popular

585.   VRAIMENT | Really

*A-t-on **vraiment** besoin d'une nouvelle voiture ?*
Do we really need a new car ?

586.   VOS | Your

***Vos** affaires sont dans votre chambre*
Your belongings are in your bedroom

587.   UN VILLAGE | A village

*Ce petit **village** est charmant à visiter*
This little village is charming to visit

588.   VOTRE | Your

*Où en êtes-vous dans **votre** travail ?*
Where are you in your work ?

589.   SECOURIR | To rescue

*Le conducteur **a été secouru** juste à temps*
The driver was rescued just on time

590.   UNE BIÈRE | A beer

*Une **bière** est faite de houblon*
A beer is made out of hop

591.   CES | These - This

***Ces** chaises ne sont pas assez confortables*
These chairs are not comfortable enough

592.   REGRETTER | To regret

*Il **a regretté** sa décision pendant longtemps*
He regretted his decision for a long time

593.   CENT | Hundred

*J'aimerais vivre au moins **cent** ans*
I would like to live at least a hundred years

594.   VOILÀ | Here - There - That

*Et **voilà** qu'il n'est pas venu en vacances avec nous*
And that's why he didn't come on vacation with us

595.   CHACUN - CHACUNE | Each

*Lit attentivement **chaque** question*
Read each question carefully

596.   OFFRIR | To offer

*Qu'est-ce que tu as à **offrir** ?*
What do you have to offer ?

597.   VITE | Quickly

*Les produits ont été vendus très **vite***
The products were sold very quickly

598.   AUTOUR | Around

*La Terre tourne **autour** du soleil*
The Earth revolves around the sun

599.   MALHEUREUSEMENT | Unfortunately

***Malheureusement**, il n'a pas été engagé*
Unfortunately, he hasn't gotten engaged

600.   CECI | This

*Je ne suis pas du tout d'accord avec **ceci***
I do not agree at all with this

601.   ÇA | That

*Mais **ça** n'a aucun sens !*
But that doesn't make any sense !

602.   BONSOIR | Good evening

***Bonsoir** madame*
Good evening madame

603.   LE SAMEDI | Saturday

*Le spectacle est ce **samedi***
The show is this Saturday

604.   BIZARRE | Strange - Weird

*L'ordinateur fait un bruit **bizarre***
The computer is making a strange noise

605.   PERSONNE | Nobody

*Il n'y a **personne** à la maison*
There is nobody at home

606.   INTÉRESSANT - INTÉRESSANTE | Interesting

*Le cours de marketing n'était pas **intéressant***
The marketing course was not interesting

607.   TOI | You

*Je vais très bien, et **toi** ?*
I am doing well, and you ?

608.   TOUS | All

***Tous** les parcs ferment ce week-end*
All the parks are closing this weekend

609.   SÛREMENT | Surely

*Lentement mais **sûrement***
Slowly but surely

610.   À PROPOS | About

*La réunion sera **à propos** de la perte de revenus*
The meeting will be about the loss of revenue

611.   TES | Your

*Comment étaient **tes** vacances ?*
How were your holiday ?

612.   INCROYABLE | Incredible

*Quelle histoire **incroyable** !*
What an incredible story !

613.   SIMPLE | Simple

*C'est aussi **simple** que ça*
It's as simple as that

614.   S'IL VOUS PLAÎT | Please (Formal)

*Puis-je voir votre passeport **s'il vous plaît** ?*
Can I please see your passport ?

615.   TA | Your

*Si tu ranges **ta** chambre, tu peux aller jouer*
If you tidy your room, you can go play

616.   IMPOSSIBLE | Impossible

*C'est **impossible** de rater la sortie*
It's impossible to miss the exit

617.   TE | Yourself - You

*Il **te** rappellera plus tard*
He will call you back later

618.   NOS | Our

***Nos** enfants ont huit et dix ans*
Our children are eight and ten years old

619.   S'APPELER | To be named

*Mon chien **s'appelle** Pickle*
My dog is named Pickle

620.   ENFIN | Finally

*Il a **enfin** réussi son permis de conduire*
He finally got his driving license

621.   GRÂCE (à) | Thanks to

*L'association reste ouverte **grâce aux** donations*
The association stays open thanks to donations

622.   SE LAVER | To wash yourself

***Se laver** les mains est important pour réduire les virus*
Washing your hands is important to reduce viruses

623.   SIGNER | To sign

***As**-tu **signé** la pétition pour les droits de l'Homme ?*
Did you sign the petition for Human Rights ?

624.   LE VENDREDI | Friday

*Mon évaluation de travail est **vendredi** matin*
My work evaluation is Friday morning

625.   SA | His - Her

Sa bouteille d'eau est vide
His water bottle is empty

626.   VOICI | Here

Et voici votre chambre
And here is your room

627.   AUGMENTER | To increase

Le bénéfice a augmenté de 15% ces derniers mois
The profits increased by 15% these last few months

628.   UNE FOIS | Once

Le rendez-vous a été confirmé une fois de plus
The meeting was confirmed once again

629.   SPÉCIAL - SPÉCIALE | Special

Rien de spécial ne s'est passé
Nothing special happened

630.   GÉNIAL - GÉNIALE | Great

C'est génial de pouvoir dormir le matin
It's great to be able to sleep in the morning

631.   RESPIRER | To breathe

Respirer de la poussière peut être dangereux
Breathing dust can be dangerous

632.   RISQUER | To risk

Les pompiers risquent leurs vies tous les jours
Firefighters risk their lives everyday

633.   AU-DESSUS | Above

*C'est **au-dessus** de moi*
It's above me

634.   UNE FAÇON | A way

*Cette **façon** de faire est ingénieuse*
This way to do it is ingenious

635.   ALLUMER | To turn on

***Allume** la lumière avant de descendre l'escalier*
Turn on the light before going down the stairs

636.   SIMPLEMENT | Simply

*Leur but est **simplement** d'aider*
Their goal is simply to help

637.   UN APRÈS-MIDI | An afternoon

*Le chien a aboyé tout l'**après-midi***
The dog barked all afternoon

638.   INVITER | To invite

*Nous sommes **invités** chez les voisins ce week-end*
We are invited to the neighbour's house this weekend

639.   FRAIS - FRAÎCHE | Fresh

*Rien de tel que des fruits **frais***
Nothing like fresh fruit

640.   LE CARACTÈRE | Personality

*Les chats peuvent avoir un **caractère** difficile*
Cats can have a difficult personality

641.   SINON | Otherwise - Anyway

Sinon*, quoi de neuf ?*
Anyway, what's new ?

642.   LA TAILLE | The size

*La **taille** S ne lui va plus*
The size S doesn't fit him anymore

643.   UN FRUIT | A fruit

*Manger des **fruits** tous les jours est bon pour la santé*
Eating fruit every day is good for your health

644.   EFFACER | To erase - To delete

*Le professeur **efface** le tableau*
The teacher erases the blackboard

645.   ÉTEINDRE | To turn off

*N'oublie pas d'**éteindre** les lumières avant de partir*
Don't forget to turn off the lights before leaving

646.   ACCUEILLIR | To welcome

*Le valet **accueille** les clients de l'hôtel*
The valet welcomes the clients of the hotel

647.   DÉSOLÉ - DÉSOLÉE | Sorry

*Elles étaient **désolées** d'être en retard*
They were sorry to be late

648.   CONTRE | Against

*Le vélo est **contre** la barrière*
The bike is against the fence

649.   DEDANS | Inside

*Qu'est-ce qu'il y a **dedans** ?*
What is inside ?

650.   LA HONTE | The shame

*C'est une **honte** qu'il n'y a pas plus d'aides pour les personnes âgées*
It's a shame that there isn't more help for older people

651.   ACTIF - ACTIVE | Active

*L'Etna est un volcan **actif***
Etna is an active volcano

652.   UN ANIMAL | An animal

*Le lion est un **animal** sauvage*
Lions are wild animals

653.   EN-DESSOUS | Under

*Le chat est coincé **en-dessous** du canapé*
The cat is stuck under the couch

654.   AMENER | To bring

*La secrétaire **amène** le courrier tous les jours*
The secretary brings in the mails every day

655.   UNE ADRESSE | An address

*Pouvez-vous envoyer ce colis à cette **adresse** ?*
Can you send this package to this address ?

656.   LES VACANCES | The vacations

*Nos **vacances** ont été annulées par l'agence de voyage*
Our vacation was canceled by the travel agency

657.   UN E-MAIL | An email

*Toutes les informations sont dans l'**e-mail***
All the information is in the email

658.   SUPER | Great

C'est super !
It's great !

659.   UN ŒUF | An egg

*Les **œufs** sont riches en cholestérol*
Eggs are rich in cholesterol

660.   LE RETOUR | The return

*Le **retour** était plus long que prévu*
The return was longer than expected

661.   UNE SITUATION | A situation

*Cette **situation** est inacceptable*
This situation is unacceptable

662.   LA TEMPÉRATURE | The temperature

*La **température** de l'eau est de 20 degrés*
The temperature of the water is 20 degrees

663.   TOURNER | To turn

***Tourne** l'écran pour mieux voir*
Turn the screen to see better

664.   VARIER | To vary

*Les recettes **varient** selon les chefs*
Recipes vary depending on the cook

665. TELLEMENT | So much - So many

*Nous avons **tellement** de choses à faire*
We have so many things to do

666. SE REPOSER | To rest

*Le week-end est fait pour **se reposer***
The weekend is for resting

667. LA SOCIÉTÉ | The society

*La **société** a fait faillite*
The society went bankrupt

668. DÉPENSER | To spend

*Ne jamais **dépenser** sans compter*
Never spend without counting

669. UNE HABITUDE | An habit

*Les bonnes **habitudes** sont faciles à prendre*
Good habits are easy to make

670. DÉCOUVRIR | To discover

***Découvrir** de nouveaux passe-temps est important*
Discovering new hobbies is important

671. LES RÉSEAUX SOCIAUX | Social media

*Les adolescents passent trop de temps sur les **réseaux sociaux***
Teenagers spend too much time on social media

672. DEBOUT | Standing - Up

*Est-ce que vous êtes **debout** ?*
Are you up ?

673.   UNE COULEUR | A colour

*La **couleur** jaune te va très bien*
The yellow colour suits you really well

674.   TROISIÈME | Third

*L'équipe est classée **troisième***
The team is ranked third

675.   UN CHOIX | A choice

*Il n'y a pas beaucoup de **choix***
There isn't a lot of choice

676.   LE DIMANCHE | Sunday

*Nous allons à la plage ce **dimanche***
We are going to the beach this Sunday

677.   CHEZ | At

*Ma femme est **chez** le dentiste*
My wife is at the dentist

678.   DES | Some

*Il a **des** problèmes de santé depuis longtemps*
He has had health problems for a long time

679.   LA NATURE | Nature

*Rien de mieux qu'une balade dans la **nature***
Nothing better than a walk in nature

680.   PAREIL - PAREILLE | The same

*Ces deux bureaux sont **pareils***
These two offices are the same

681.   MAGNIFIQUE | Wonderful

*Les détails du tableau sont **magnifiques***
The painting's details are wonderful

682.   UN DIRECTEUR | A director

*Le **directeur** est en voyage d'affaires*
The director is on a business trip

683.   DOUCEMENT | Slowly

*Le chantier avance **doucement***
The building site progresses slowly

684.   ENGAGER | To hire

*La société **a engagé** deux nouveaux managers*
The company hired two new managers

685.   QUOTIDIEN - QUOTIDIENNE | Daily

*Le ménage fait partie des tâches **quotidiennes***
Housework is a part of daily chores

686.   SE RÉVEILLER | To wake up

*Pourquoi ne pas **se réveiller** tôt ?*
Why not wake up early ?

687.   UN RENDEZ-VOUS | A meeting

*Le **rendez-vous** est reporté à jeudi*
The meeting is postponed to Thursday

688.   RETENIR | To remember

*Je n'arrive pas à **retenir** la dictée*
I can't remember the dictation

689.   LA SANTÉ | The health

*Sa **santé** s'améliore tous les jours*
Her health is getting better every day

690.   LE SOIR | The evening

*La rue est toujours calme le **soir***
The street is always quiet during the evening

691.   UNE SORTE | A kind

*Quelle **sorte** de fromage préfères-tu ?*
What kind of cheese do you prefer ?

692.   UNE DEMI-HEURE | Half an hour

*La leçon dure une **demi-heure***
The lesson is half an hour

693.   ATTEINDRE | To reach

*Il **a atteint** son but sans problèmes*
He reached his goal without problems

694.   DÉPENDRE | To depend

*Tout **dépend** de ses disponibilités*
It all depends on her availability

695.   MERVEILLEUX - MERVEILLEUSE |
    Wonderful

*Quelle **merveilleuse** idée !*
What a wonderful idea !

696.   PARDON | Pardon - Sorry

***Pardon**, vous êtes assis à ma place*
Sorry, you are in my seat

697. LA BEAUTÉ | The beauty

*La **beauté** n'est pas toujours à l'extérieur*
Beauty is not always on the outside

698. HORRIBLE | Horrible

*C'est **horrible** !*
It's horrible !

699. UN DÉPART | A departure

*Le **départ** du train est imminent*
The departure of the train is imminent

700. UN ASCENSEUR | An elevator

*L'**ascenseur** est en panne*
The elevator is out of order

701. APPRÉCIER | To appreciate

*Ils **ont** beaucoup **apprécié** ta lettre*
They really appreciated your letter

702. DU VIN | Some wine

*Ce **vin** est produit au Chili*
This wine is produced in Chile

703. GÉRER | To manage

*Personne ne **gère** leur site internet*
Nobody manages their website

704. JOLI - JOLIE | Pretty - Beautiful

*Elle portait une **jolie** robe bleue*
She was wearing a beautiful blue dress

705.   LEQUEL | Which

Lequel *as-tu essayé ?*
Which one did you try ?

706.   UNE LISTE | A list

*J'ai perdu la **liste** de courses*
I lost the grocery list

707.   UN DOCTEUR | A doctor

*Mou cousin veut devenir **docteur***
My cousin wants to become a doctor

708.   DÉVELOPPER | To develop

*La ville veut **développer** ce quartier*
The city wants to develop this neighbourhood

709.   DES GENS | Some people

*Il y a des **gens** dans la rue*
There are people in the street

710.   REPRÉSENTER | To represent

*L'avocat **représente** son client*
The lawyer represents his client

711.   DESSINER | To draw

*Le garçon **dessine** sur le mur*
The boy draws on the wall

712.   LA JOIE | The joy - The happiness

*La **joie** est un bon remède*
Joy is a good remedy

713. DESCENDRE | To go down

*Il **est descendu** de l'échelle*
He went down the ladder

714. PLAIRE | To please

*Elle fait toujours ce qui lui **plaît***
She always does what pleases her

715. GRIS - GRISE. | Grey

*Le ciel est **gris** depuis ce matin*
The sky has been grey since this morning

716. PARDONNER | To forgive

***Pardonner** est une étape nécessaire*
Forgiving is a necessary step

717. CÉLÈBRE | Famous

*Les gens **célèbres** n'ont pas de vie privée*
Famous people don't have a private life

718. FIER - FIÈRE | Proud

*Ses grands-parents sont **fiers** de lui*
His grandparents are proud of him

719. LE RESTE | The rest

*Où est le **reste** de l'argent ?*
Where is the rest of the money ?

720. MINCE | Slim - Thin

*La couche de glace est **mince***
The layer of ice is thin

721. UN DOUTE | A doubt

*J'ai un **doute**, je ne suis pas certaine*
I have a doubt, I am not sure

722. ENREGISTRER | To save

*N'oublie pas d'**enregistrer** ton travail*
Don't forget to save your work

723. (s') ENNUYER | To be bored - To annoy

*Je **m'ennuie***
I am bored

724. DEUXIÈME | Second

*C'est leur **deuxième** enfant*
It's their second child

725. PLAISANTER | To joke

*J'espère que tu **plaisantes***
I hope you are joking

726. SE MOQUER | To make fun of

*Ce n'est pas bien de **se moquer** des gens*
It's wrong to make fun of people

727. UN MAGASIN | A store

*Ce petit **magasin** vend de tout*
This little store sells everything

728. S'ENFUIR | To flee

*Le meurtrier **s'était** déjà **enfui***
The murderer had already fled

729.   UN TYPE | A type

*Avez-vous ce **type** d'outil ?*
Do you have this type of tool ?

730.   (s') APPROCHER | To approach

*Le renard **s'approche** lentement*
The fox approaches slowly

731.   LIBRE | Free

*Est-ce que ce siège est **libre** ?*
Is this seat free ?

732.   UNE CHANCE | A chance

*Il a eu la **chance** de voyager beaucoup*
He had the chance to travel a lot

733.   JANVIER | January

*Le mois de **janvier** a 31 jours*
The month of January has 31 days

734.   EN HAUT | Upstairs

*Le bruit vient d'**en haut***
The noise is coming from upstairs

735.   UNE BOISSON | A drink

*J'ai envie d'une **boisson** glacée*
I want an iced drink

736.   MESURER | To measure

*Le terrain **est mesuré** par l'ingénieur*
The piece of land is measured by the engineer

737.   HONNÊTE | Honest

*Sois **honnête** et arrête de mentir*
Be honest and stop lying

738.   UN DÉSERT | A desert

*Le **désert** du Sahara est en Afrique*
The Sahara Desert is located in Africa

739.   UN HIVER | A winter

*Noël est en **hiver***
Christmas is during the winter

740.   CACHER | To hide

*Le chien **cache** son os*
The dog is hiding his bone

741.   UN ONCLE | An uncle

*Mon **oncle** est célibataire*
My uncle is single

742.   UNE RIVIÈRE | A river

*Cette **rivière** est polluée*
This river is polluted

743.   DANGEREUX - DANGEREUSE | Dangerous

*Fumer est **dangereux** pour la santé*
Smoking is dangerous for your health

744.   UN SIÈGE | A seat

*Le **siège** de la voiture n'est pas confortable*
The car seat is not comfortable

745.   DÉRANGER | To disturb

*Merci de ne pas **déranger***
Thanks for not disturbing

746.   UNE SORTIE | An exit

*La **sortie** se trouve au bout du couloir*
The exit is at the end of the hallway

747.   VERSER | To pour

*Il **verse** du jus dans le verre*
He pours some juice in the glass

748.   ASSISTER | To assist

*L'infirmier **assiste** le chirurgien durant l'opération*
The nurse assists the surgeon during the operation

749.   UNE ACTION | An action

*Des **actions** ont été mises en place après les manifestations*
Actions have been put into place after the protests

750.   UNE FAUTE | A mistake

*Je ne comprends pas comment j'ai raté cette **faute***
I don't understand how I missed this mistake

751.   UN RISQUE | A risk

*Cette tactique implique beaucoup de **risques***
This tactic implies a lot of risks

752.   MAI | May

***Mai** est le dernier mois du printemps*
May is the last month of spring

753. FAIBLE | Weak

*Le signal est **faible***
The signal is weak

754. LE BOULOT | The job

*Est-ce qu'il a trouvé un **boulot** ?*
Did he find a job ?

755. LE NEZ | The nose

*Un **nez** cassé peut causer des difficultés respiratoires*
A broken noise can lead to breathing difficulties

756. UN DOSSIER | A folder

*Il manque des feuilles dans ce **dossier***
Pages are missing from this folder

757. NAGER | To swim

*Il **nage** tous les jours après le travail*
He swims every day after work

758. REMERCIER | To thank

*Nous vous **remercions** d'être venu*
We thank you for coming

759. AUTANT | As much

*Il a reçu **autant** que son père*
He got as much as his dad

760. APPARAÎTRE | To appear

*L'ours **est apparu** de nulle part*
The bear appeared from nowhere

761.   DOUTER | To doubt

*Je **doute** que cela soit vrai*
I doubt that this is true

762.   LA NOURRITURE | The food

*La **nourriture** indienne est délicieuse*
Indian food is delicious

763.   SONNER | To ring

*Le téléphone **sonne***
The phone is ringing

764.   ATTIRER | To attract

*La lumière **attire** les insectes*
The light attracts the bugs

765.   SE LEVER | To get up

*On **se lève** toujours tard le dimanche*
We always get up late on Sundays

766.   UNE ARRIVÉE | An arrival

*L'**arrivée** du roi est prévue cet après-midi*
The king's arrival is planned for this afternoon

767.   REPRENDRE | To resume

*Il **a repris** ses activités comme si de rien était*
He resumed his activities like nothing happened

768.   GRAVE | Serious

*Cela n'a pas l'air **grave***
It doesn't seem serious

769.   EN BAS | Downstairs

*La cuisine est **en bas***
The kitchen is downstairs

770.   LA COLÈRE | The anger

*Je cherche des astuces pour gérer ma **colère***
I am looking for tips to manage my anger

771.   UN MOT DE PASSE | A password

*Ce n'est pas le bon **mot de passe***
This is not the good password

772.   VALOIR | To be worth

*Ce meuble ne **vaut** rien*
This piece of furniture isn't worth anything

773.   PEIGNER | To comb

*Elle aime **peigner** les cheveux de ses poupées*
She likes to comb her doll's hair

774.   VOYAGER | To travel

*On **voyage** toujours en juillet*
We always travel in July

775.   L'ÉNERGIE (f) | The energy

*Le soleil est une nouvelle source d'**énergie***
The sun is a new source of energy

776.   SEPTEMBRE | September

*Le football reprend en **septembre***
Soccer resumes in Septembe

777. ÉVITER | To avoid

*C'est mieux d'**éviter** cette route*
It's better to avoid this road

778. REMPLIR | To fill in - To complete

*Merci de **remplir** ce formulaire*
Thanks for completing this form

779. UN EXERCICE | An exercise

*30 minutes d'**exercices** par jour est bon pour la santé*
30 minutes of exercise per day is good for your health

780. UN JARDIN | A yard

*Le chien se repose dans le **jardin***
The dog is resting in the yard

781. UNE RECHERCHE | A research

*Les **recherches** montrent que le virus progresse*
Researches shows that the virus is progressing

782. DU SUCRE | Some sugar

*Je ne prends pas de **sucre** dans mon café*
I don't take sugar in my coffee

783. TOUSSER | To cough

*Il **tousse** depuis hier*
He has been coughing since yesterday

784. MENTIR | To lie

*Il **a menti** à son professeur*
He lied to his teacher

785. UNE UNIVERSITÉ | A university

*C'est une des meilleures **universités***
It's one of the best universities

786. LE PIRE | The worst

*Le **pire** est à venir*
The worst is yet to come

787. DÉCRIRE | To describe

*La victime **a** parfaitement **décrit** l'accusé*
The victim described the accused perfectly

788. ROSE | Pink

*Ce mur était **rose** avant*
This wall was pink before

789. UN SUCCÈS | A success

*La réception était un **succès***
The reception was a success

790. REFUSER | To refuse

*Il **refuse** de me laisser entrer*
He refuses to let me in

791. PROCHE | Near

*Notre hôtel est **proche** de l'aéroport*
Our hotel is near the airport

792. PARTAGER | To share

***Partage** ta collation avec ta sœur*
Share you snack with your sister

793.   LA SÉCURITÉ | The security

*Il n'y avait pas assez de **sécurité***
There wasn't enough security

794.   CESSER | To stop

***Cesse** d'embêter ton frère*
Stop bothering your brother

795.   HABITER | To live

*Nous **habitons** dans la même rue*
We live in the same street

796.   INTERNET | The internet

***Internet** est une nécessité*
Internet is a necessity

797.   GOÛTER | To taste

***As**-tu **goûté** les cerises ?*
Did you taste the cherries ?

798.   UN MESSAGE | A message

*Est-ce qu'il y a des **messages** pour moi*
Are there any messages for me

799.   UN SITE INTERNET | A website

*Leur **site internet** n'est pas à jour*
Their website is not up to date

800.   UN GARDE | A guard

*Les **gardes** sont devant le palais*
Guards are in front of the palace

801. UNE RECETTE | A recipe

*La **recette** de ce gâteau est compliquée*
This cake's recipe is complicated

802. VERT -VERTE | Green

*La pelouse est de nouveau **verte***
The lawn is green again

803. AMOUREUX - AMOUREUSE | In love

*Je pense qu'ils sont **amoureux***
I think they are in love

804. ESSUYER | To wipe

***Essuie** la table avant de partir*
Wipe the table before leaving

805. UN MENSONGE | A lie

*Il raconte toujours des **mensonges***
He always tells lies

806. REMARQUER | To notice

***As**-tu **remarqué** ma nouvelle montre ?*
Did you notice my new watch ?

807. LA PAIX | The peace

*Tu dois trouver la **paix** intérieure*
You need to find your inner peace

808. UN ESPOIR | A hope

*Il n'y a pas beaucoup d'**espoir***
There isn't a lot of hope

809. JAUNE | Yellow

Le jaune attire les moustiques
Yellow attracts mosquitoes

810. UN SIGNE | A sign

Il n'y avait pas de signe pour la sortie
There was no sign for the exit

811. ARRANGER | To arrange

Le rendez-vous a été arrangé avec le manager
The meeting was arranged with the manager

812. BEAU - BELLE | Beautiful

Quelle belle voiture !
What a beautiful car !

813. UN NOMBRE | A number

Onze est un nombre impair
Eleven is an odd number

814. DÉSIRER | To desire

C'est tout ce que je désire
This is all I desire

815. OBLIGER | To obligate

Est-ce qu'on est obligés d'y aller ?
Are we obligated to go ?

816. TRAITER | To treat

Les patients sont traités à l'hôpital
Patients are treated at the hospital

817. REJOINDRE | To join

*Veux-tu nous **rejoindre** ?*
Do you want to join us ?

818. UNE FORÊT | A forest

*C'est la plus grande **forêt** du pays*
It's the biggest forest in the country

819. LAVER | To wash

*La couverture a besoin d'être **lavée***
The blanket needs to be washed

820. DÉÇU - DÉÇUE | Disappointed

*Je suis **déçu***
I am disappointed

821. MÉRITER | To deserve

*Il **mérite** tellement mieux*
He deserves so much better

822. UNE ERREUR | A mistake

*Tu as fait une **erreur** juste là*
You made a mistake right there

823. MARS | March

*Le printemps commence en **mars***
Spring starts in March

824. UN SOURIRE | A smile

*Elle a un beau **sourire***
She has a beautiful smile

825. UN SOIN | A treatment

*Les nouveaux **soins** sont plus naturels*
New treatments are more natural

826. UNE MONTAGNE | A mountain

*On peut voir les **montagnes** du balcon*
We can see the mountains from the balcony

827. JUIN | June

*L'école se termine en **juin***
School ends in June

828. LOUER | To rent

*Nous **louons** un appartement pour nos vacances*
We are renting an apartment for our vacation

829. OCTOBRE | October

*Le mois d'**octobre** était le plus pluvieux de l'année*
The month of October was the rainiest this year

830. EXIGER | To require

*La banque **exige** une assurance pour le crédit*
The bank requires an insurance for the mortgage

831. UN LIEU | A place

*C'est le **lieu** où nous nous sommes rencontrés*
This is the place where we met

832. JUILLET | July

*Elles déménagent en **juillet***
They are moving in July

833.   SOUFFRIR | To suffer

*Il **souffre** beaucoup depuis son accident*
He has suffered a lot since his accident

834.   UNE SCÈNE | A scene

*Ils ont joué une **scène** connue*
They played a famous scene

835.   UN TRUC | A thing

*C'est quoi ce **truc** ?*
What is this thing ?

836.   PRÉFÉRÉ - PRÉFÉRÉE | Favourite

*Quel est ton gâteau **préféré** ?*
What is your favourite cake ?

837.   UNE VIDÉO | A video

*As-tu regardé cette **vidéo** ?*
Did you watch this video ?

838.   LANCER | To throw

*Il **a lancé** la balle trop loin*
He threw the ball too far

839.   TRANQUILLE | Quiet

*Cet endroit est **tranquille***
This place is quiet

840.   UNE ÉPAULE | A shoulder

*Il s'est blessé l'**épaule** pendant le match*
He hurt his shoulder during the game

841.   PARAÎTRE | To seem

*Il **paraît** désorienté*
He seems disoriented

842.   RESSENTIR | To feel

*J'**ai ressenti** beaucoup de satisfaction à finir ce projet*
I felt a great satisfaction finishing this project

843.   (se) BLESSER | To hurt

*Il **s'est blessé** en tombant*
He hurt himself by falling

844.   UN CANARD | A duck

*Les **canards** nagent dans l'étang*
The ducks are swimming in the pond

845.   LE MARDI | Tuesday

*Nous recevons les clés **mardi***
We receive the keys on Tuesday

846.   UN NUAGE | A cloud

*Ce **nuage** a la forme d'un cœur*
This cloud is shaped like a heart

847.   RÉPARER | To fix

*La voiture sera **réparée** demain*
The car will be fixed tomorrow

848.   RESPECTER | To respect

*Il faut **respecter** l'échéance*
We have to respect the deadline

849.   UNE VACHE | A cow

*Les **vaches** sont dans le champ*
The cows are in the field

850.   ATTRAPER | To catch

*Il **a attrapé** la grippe*
He caught the flu

851.   L'ENNUI (m) | The boredom

*Un passe-temps est parfait pour vaincre **l'ennui***
A hobby is perfect to overcome boredom

852.   RÉFLÉCHIR | To think

*L'équipe **réfléchit** à une nouvelle idée*
The team thinks of a new idea

853.   UN AÉROPORT | An airport

*L'**aéroport** est à 10 minutes en voiture*
The airport is 10 minutes away by car

854.   LE JEUDI | Thursday

*Le marché ouvert est le **jeudi** matin*
The open market is on Thursday morning

855.   UN JOURNAL | A newspaper

*Je lis le **journal** tous les matins*
I read the newspaper every morning

856.   UN DICTIONNAIRE | A dictionary

*Un **dictionnaire** est un outil utile*
A dictionary is a useful tool

857.   MAMAN | Mom

*Est-ce que tu as vu **maman** ?*
Have you seen mom ?

858.   UNE NOTE | A note

*Elle prend **note***
She is taking notes

859.   LE LUNDI | Monday

***Lundi** est le premier jour de la semaine*
Monday is the first day of the week

860.   UN SCOOTER | A scooter

*Elle a reçu un **scooter** pour son anniversaire*
She got a scooter for her birthday

861.   TROMPER | To cheat

*J'ai entendu qu'il **a trompé** sa femme*
I heard that he cheated on his wife

862.   UNE CEINTURE | A belt

*Il a besoin d'une nouvelle **ceinture***
He needs a new belt

863.   UNE MANIÈRE | A way

*Sa **manière** de faire est plus rapide*
His way to do is faster

864.   UNE ARME | A weapon

*C'est illégal de posséder une **arme***
It's illegal to possess a weapon

865.   UN RÔLE | A part

*Son personnage joue un **rôle** important dans le film*
His character plays an important part in the movie

866.   LES BOIS | The woods

*Nous nous promenons dans les **bois***
We are walking in the woods

867.   UN CLIENT | A client

*C'est un de mes **clients***
It's one of my clients

868.   UN ÉTUDIANT | A student

*Il est encore **étudiant***
He is still a student

869.   UN BOUT | A piece

*Est-ce qu'elle veut un **bout** ?*
Does she want a piece ?

870.   RECUEILLIR | To collect - To gather

*Le détective **recueille** des informations*
The detective gathers information

871.   LE DIABLE | The devil

*Il s'est déguisé en **diable***
He dressed up as the devil

872.   UNE BOUTIQUE | A shop

*On trouve de tout dans cette **boutique***
We can find everything in this shop

873. ÉPOUSER | To marry

*Veux-tu m'**épouser** ?*
Do you want to marry me ?

874. RETIRER | To withdraw

*N'oublie pas de **retirer** de l'argent avant de partir*
Don't forget to withdraw money before leaving

875. GRANDIR | To grow up

*Les enfants **grandissent** trop vite*
Children grow up too fast

876. UN SECRET | A secret

*C'est un **secret***
It's a secret

877. SUGGÉRER | To suggest

*Je te **suggère** d'étudier plus*
I suggest you to study more

878. PEINDRE | To paint

*L'artiste **a peint** tout le mur*
The artist painted the whole wall

879. LE NORD | The north

*Sa boussole l'aide à trouver le **nord***
His compass helps him to find the north

880. L'OUEST | The west

*Nous vivons sur la côte **ouest***
We live on the west coast

881.   AOÛT | August

*L'opération est prévue en **août***
The surgery is planned in August

882.   LA LOI | The law

*La **loi** a été votée hier*
The law was voted on yesterday

883.   L'OCÉAN | The ocean

*L'**océan** est calme ce matin*
The ocean is quiet this morning

884.   INTERROGER | To question

*Il est **interrogé** par la police*
He is being questioned by the police

885.   LE SOL | The floor

*Le chien aime dormir sur le **sol***
The dog likes to sleep on the floor

886.   L'AMÉRIQUE | America

*Il y a cinquante états en **Amérique***
There are fifty states in America

887.   UN CAMION | A truck

*Le **camion** de livraison est en retard*
The delivery truck is late

888.   UNE ÎLE | An island

*La Nouvelle-Zélande est divisée en deux **îles***
New Zealand is divided into two islands

889.   UNE HERBE | An herb

*Le persil est une **herbe***
Parsley is an herb

890.   UNE DOULEUR | A pain

*J'ai une **douleur** au genou*
I have pain in my knee

891.   UN CHAPEAU | A hat

*N'oublie pas ton **chapeau***
Don't forget your hat

892.   FORCER | To force

*Arrête de **forcer**, tu vas le casser*
Stop forcing it, you are going to break it

893.   VIVANT - VIVANTE | Alive

*Il a de la chance d'être **vivant***
He is lucky to be alive

894.   FÉVRIER | February

*La Saint-Valentin est en **février***
Valentine's Day is in February

895.   UNE ARMÉE | An army

*Il y a trente et un pays dans le monde qui n'ont pas d'**armée***
There are thirty-one countries in the world without an army

896.   UN HONNEUR | An honor

*C'est un **honneur** d'être ici*
It's an honor to be here

897. UN RÊVE | A dream

*Mon **rêve** est d'aller au Japon*
My dream is to go to Japan

898. LE MERCREDI | Wednesday

*Il n'y a pas école ce **mercredi***
There is no school this Wednesday

899. UN HUMAIN | A human

*Le corps **humain** est fascinant*
The human body is fascinating

900. UN DANGER | A danger - A risk

*C'est un **danger** à éviter*
This is a risk to avoid

901. LA VIANDE | The meat

*La **viande** contient du fer*
Meat contains iron

902. SUFFIRE | To be enough

*Cela devrait **suffire***
That should be enough

903. FOURNIR | To provide

*Est-ce que l'hôtel **fournit** des peignoirs ?*
Does the hotel provide robes ?

904. SOUSCRIRE | To subscribe

*On ne peut pas **souscrire** en ligne*
We can't subscribe online

905. UN VOL | A flight

*Son **vol** est annulé*
Her flight is canceled

906. UN INTÉRÊT | An interest

*Le taux d'**intérêt** est bas en ce moment*
The interest rate is low at this moment

907. DÉCEMBRE | December

***Décembre** est le dernier mois de l'année*
December is the last day of the year

908. LA NEIGE | The snow

*La **neige** fond rapidement*
The snow melts quickly

909. FUMER | To smoke

*Il **fumait** un paquet de cigarettes par jour*
He smoked a pack of cigarettes a day

910. UNE MISSION | A mission

*Il a été engagé pour une **mission** de deux semaines*
He was hired on a two week mission

911. FONDER | To found

*La société **a été fondée** en 1923*
The company was founded in 1923

912. LE SILENCE | The silence

*Le professeur demande le **silence***
The teacher asks for silence

913. NOVEMBRE | November

*Le mois de **novembre** est toujours pluvieux*
The month of November is always rainy

914. UNE HORLOGE | A clock

*L'**horloge** de la cuisine est cassée*
The clock in the kitchen is broken

915. INDIQUER | To indicate

*Je ne pense pas que c'était **indiqué***
I don't think it was indicated

916. UNE IMAGE | A picture

*J'ai besoin de nouvelles **images** pour mon site internet*
I need new pictures for my website

917. CHÉRI - CHÉRIE | Darling

***Chéri**, est-ce que tu veux quelque chose ?*
Darling, do you want something ?

918. GELER | To freeze

*La rivière commence à **geler***
The river is starting to freeze

919. UNE BOÎTE | A box

*Fais attention, la **boîte** est abîmée*
Be careful, the box is damaged

920. UN PEUPLE | A nation

*Le **peuple** votera demain*
The nation will vote tomorrow

921.   UN GARS | A man

*C'est un bon **gars***
He's a good man

922.   EMPÊCHER | To prevent

*Le policier **a empêché** un homme de sauter*
The policeman prevented a man from jumping

923.   LE SUD | The south

*Il vient du **sud** de la France*
He is from south of France

924.   FUIR | To flee

*Le conducteur **a fui** avant l'arrivée de la police*
The driver fled before the police arrived

925.   EMMENER | To take

*Peux-tu **emmener** ta sœur à l'école ?*
Can you take your sister to school ?

926.   UN OS | A bone

*Il a les **os** solides*
He has strong bones

927.   UNE INDUSTRIE | An industry

*Cette **industrie** produit du plastique*
This industry produces plastic

928.   UN FIL | A wire - A thread

*La couturière utilise beaucoup de **fil***
The seamstress uses a lot of thread

929.   LES SCIENCES | The sciences

Sa matière préférée est les **sciences**
His favourite subject is sciences

930.   UN MANTEAU | A coat

Elle a oublié son **manteau**
She forgot her coat

931.   UN CHARGEUR | A charger

Mon **chargeur** *est dans la voiture*
My charger is in the car

932.   UN INSECTE | An insect

Une abeille est un **insecte**
A bee is an insect

933.   EFFRAYER | To frighten

Le chat est **effrayé** *par les feux d'artifice*
The cat is frightened by fireworks

934.   EMBRASSER | To kiss

Vous pouvez **embrasser** *la mariée*
You can kiss the bride

935.   UN BUT | A goal

Mon **but** *est d'être retraitée bientôt*
My goal is to be retired soon

936.   UN ENNEMI | An enemy

*L'***ennemi** *du roi meurt à la fin du film*
The king's enemy dies at the end of the movie

937.   MILLE | A thousand

*Cela coûte **mille** euros*
This costs a thousand euros

938.   RÉGLER | To adjust

*Le lave-vaisselle a besoin d'être **réglé***
The dishwasher needs to be adjusted

939.   LE FOND | The bottom

*Je peux toucher le **fond***
I can touch the bottom

940.   L'ENFER (m) | Hell

*Tu n'iras pas en **enfer***
You are not going to hell

941.   UN MEURTRE | A murder

*Ce **meurtre** n'a jamais été résolu*
This murder has never been solved

942.   ENLEVER | To remove

***Enlever** le plastique avant d'utiliser*
Remove the plastic before using

943.   LE MILIEU | The middle

*La ligne est au **milieu** de la feuille*
The line is in the middle of the piece of paper

944.   AVRIL | April

*Les fleurs commencent à fleurir en **avril***
Flowers start to bloom in April

945. **(s') ÉCHAPPER** | To escape

Il s'est échappé de la prison
He escaped from prison

946. **UN FOUR** | An oven

Ce four est trop vieux
This oven is too old

947. **LA PEINE** | The sorrow

Cela lui a fait beaucoup de peine
That gave her a lot of sorrow

948. **MENER** | To lead

Cet escalier mène à la cave
These stairs lead to the basement

949. **MARIER** | To marry

Nous sommes mariés depuis deux ans
We have been married for two years

950. **UNE POMME** | An apple

Il y a un ver dans la pomme
There is a worm in the apple

951. **PAYER** | To pay

Qui paie l'addition ?
Who pays the bill ?

952. **GENTIL - GENTILLE** | Kind

C'est très gentil de ta part
It's very kind of you

953. RAPPELER | To remind - To call back

*Peux-tu le **rappeler** ?*
Can you call him back ?

954. QUELQUES | A few

*J'ai encore **quelques** questions*
I have a few more questions

955. L'EST | The east

*Nous visiterons bientôt la côte **est***
Soon we will visit the east coast

956. UN LAC | A lake

*C'est le plus grand **lac** de la province*
This is the biggest lake in the province

957. LA TERRE | The earth

*La **Terre** tourne autour du soleil*
The earth resolves around the sun

958. UNE FERME | A farm

*Ses parents avaient une **ferme***
His parents had a farm

959. UN MÉDICAMENT | A medicine

*Il oublie toujours ses **médicaments***
He always forgets his medicine

960. UN PRODUIT | A product

*Est-ce que c'est un nouveau **produit** ?*
Is it a new product ?

961. LA CONFIANCE | The trust

*Vous avez toute ma **confiance***
You have all my trust

962. L'INSPIRATION (f) | The inspiration

*L'écrivain manque d'**inspiration***
The writer lacks inspiration

963. UNE VITAMINE | A vitamin

*La **vitamine** D provient du soleil*
Vitamin D comes from the sun

964. UNE APPLICATION | An application

*La nouvelle **application** ne fonctionne pas bien*
The new application doesn't work well

965. UNE TASSE | A cup

*Veux-tu une **tasse** de thé ?*
Do you want a cup of tea ?

966. UNE OCCASION | An occasion

*C'est une bonne **occasion** de se revoir*
It's a good occasion to see each other again

967. DES LUNETTES | A pair of glasses

*Ses **lunettes** sont cassées*
His pair of glasses are broken

968. EXPRIMER | To express

***Exprimer** ses sentiments est difficile*
Expressing his feelings is difficult

969. LE CORPS | The body

*Le **corps** change pendant l'adolescence*
The body changes during adolescence

970. CULPABILISER | To feel guilty

*Cela ne sert à rien de **culpabiliser***
It doesn't help to feel guilty

971. OSER | To dare

*Il **a osé** faire ça ?*
Did he dare do that ?

972. DÉSORMAIS | From now on

*Le magasin est **désormais** fermé le samedi*
From now on, the store is closed on Saturdays

973. LE PREMIER - LA PREMIÈRE | The first

*Le chèque est arrivé le **premier***
The check arrived on the first

974. SURVIVRE | To survive

*Il **a survécu** plusieurs jours dans les bois*
He survived several days in the wood

975. POPULAIRE | Popular

*Ce chanteur va devenir **populaire***
This singer is going to become popular

976. UNE RUMEUR | A rumor

*La **rumeur** dit qu'il a perdu son travail*
The rumor says that he lost his job

977.   UN COMMENTAIRE | A comment

*J'ai écrit un **commentaire** positif*
I wrote a positive comment

978.   LA CULTURE | The culture

*La **culture** chinoise est intéressante*
Chinese culture is interesting

979.   UNE TENDANCE | A trend

*C'est la nouvelle **tendance***
This is the new trend

980.   L'ENVIRONNEMENT (m) | The environment

*L'**environnement** est de plus en plus pollué*
The environment is more and more polluted

981.   ÉGALEMENT | As well

*J'habite **également** dans cette rue*
I live on this street as well

982.   L'ADOPTION (f) | The adoption

*L'**adoption** prendra plusieurs années*
The adoption will take several years

983.   LE FUTUR | The future

*Le **futur** proche est facile à utiliser*
The near future is easy to use

984.   COMMUN | Common

*Nous avons tellement en **commun***
We have so much in common

985. UNE GÉNÉRATION | A generation

*La nouvelle **génération** s'appelle "génération Z"*
The new generation is called "generation Z"

986. ÉVIDEMMENT | Obviously

*C'est **évidemment** faux*
It's obviously false

987. LA DISTANCE | The distance

*La **distance** entre les deux lacs est de quinze kilomètres*
The distance between the two lakes is fifteen kilometres

988. LE CONTEXTE | The context

*Le **contexte** autour de cette affaire est bizarre*
The context around this case is strange

989. L'ÉTAT | The government

*L'**état** est responsable des taxes*
The government is responsible for taxes

990. PRIVÉ | Private

*Peut-on parler en **privé** ?*
Can we talk in private ?

991. UNE TRACE | A trace

*Le voleur n'a laissé aucune **trace***
The theft didn't leave a trace

992. UN DÉTAIL. | A detail

*Je n'ai pas plus de **détails***
I don't have more details

993.   MIGNON - MIGNONNE | Cute

*Les chiots sont **mignons***
Puppies are cute

994.   LE DOCUMENT | The document

*Le **document** n'a pas été enregistré*
The document wasn't saved

995.   PROCHAIN - PROCHAINE | Next

*Quand est le **prochain** bus ?*
When is the next bus ?

996.   LE PRIX | The price

*Quel est le **prix** de ce cahier ?*
What is the price of this notebook ?

997.   LE PRÉSIDENT - LA PRÉSIDENTE | The
President

*Le **président** est en réunion*
The President is in a meeting

998.   MOCHE | Ugly

*Cette voiture est **moche***
This car is ugly

999.   UN ARTISTE - UN ARTISTE | An artist

*Cet **artiste** est talentueux*
This artist is talented

1000. UNE TOMATE | A tomato

*La **tomate** est un fruit*
Tomato is a fruit

Fin.

www.ingramcontent.com/pod-product-compliance
Lightning Source LLC
Chambersburg PA
CBHW071909120726
48001CB00005B/1669